優しさと勇気の育てかた

夜回り先生21の生きる力

水谷 修
Mizutani Osamu

日本評論社

私は、この二五年間で、
数多くの尊《とうと》いいのちを失ってきました。
すべて、私の責任です。
理由もわかっています。

それは、私が、人としてしてはいけないことを
してしまったからです。
そうせざるをえなかったとはいえ、
子どもたち自身の人生に、
私は足を踏み入れてしまいました。

一人ひとりに事情があり、黙って見ていることは、
教師としても大人としてもできませんでした。
しかし、許されることではありません。

それでも、この道を歩み続けて来られたのは、
かかわった多くの子どもたちからの
「ありがとう」の言葉があったからです。
この本の最初に、すべての子どもたちへの
感謝の思いを綴《つづ》ります。

すべての子どもたちに、
私がかかわったすべての子どもたちに。
生きていてくれて、　ありがとう。

たくさんの笑顔と
メールや電話で優しい言葉を贈ってくれて、
ありがとう。

私に生きる力をくれて、
こころからありがとう。

そして、今の状況を生きにくいと感じている若者や
大人のみなさんに伝えたい大事なことがあります。

相手を変えるのではなく、
まずは自分から変わりましょう。

ぜひ、この本を読んで、
書かれていることを実行してみてください。
今日、優しさと勇気を手にすれば、
明日の自分が変わります。

きっと、明日は笑顔になれます。

目次 contents

優しさと勇気の育てかた

夜回り先生21の生きる力

1

笑顔を配ろう

私は二年間、母校の上智大学で哲学を教えていました。上智大学は日本の大学の中でも、国際色豊かな大学の一つです。アフリカやアジアの国々、アメリカやヨーロッパ諸国、中南米諸国など、世界中のさまざまな国からの留学生たちが学んでいます。

大学のキャンパスを歩けば、たくさんの留学生たちに出会います。その彼らと触れ合って感じたことがあります。

彼らは目が合うと、必ずといっていいほど私の目をきちんと見つめ、にこっと笑顔になり、軽く会釈《えしゃく》をしてくれます。

じつに自然な動作です。

この笑顔と会釈が、私のこころをすっと優しく癒《いや》してくれました。

ところが、日本人の多くの学生の場合は違います。目と目が合っても、私のことを知っている学生でない限り、私が相手の目を見て微笑《ほほえ》んでも、視線をそらされてしまいます。学生たちに悪意がないことはわかっていますが、何か気が抜けてしまいます。

私たち日本人は、感情を表現するのが苦手な民族です。人前で、自分の感情をあらわにすることは、恥ずかしいことだと感じている人がとても多いのです。

また、一九九一年秋のバブル経済崩壊以降続いている社会的、経済的な閉塞《へいそく》状況の中で、多くの日本人が笑顔を忘れ、今を生きることに疲れ果てています。

町の中で、電車やバスの中で、周りの人たちを見てください。明日への希望や今の幸せで、活き活きとしている人はどのくらいいるでしょうか。これは大人だけではありません、子どもたちも同様です。多くの疲れ果てた姿、輝きを失ったたくさんの顔が目に映ります。哀しいことです。

みなさんの職場や学校はどうですか。みなさんの家庭はどうですか。笑顔に溢《あふ》れ、活き活きとしていますか。

確かに私たち一人ひとりの小さな力で、日本の経済や社会の問題を根本的に解決することは無理です。

でも、できることはあります。

みなさんの家庭や職場、学校、さらには暮らしている町を、笑顔と優しい言葉で満たすことはできます。

お願いがあります。家庭でも、職場でも、学校でも、町でも、誰かと目が合ったら、その目を優しく見つめ笑顔を返しませんか。

そして、できれば、「おはよう」「こんにちは」「ありがとう」などの優しい言葉をその笑顔に添えてみませんか。

考えてみてください。

もし、家庭が笑顔と優しさに包まれたら、どれだけ多くの子どもたちが、そこに癒しと憩《いこ》いを得ることができるか。職場や学校が笑顔と優しさに包まれたら、一日がどんなに楽しいものになるか。町が笑顔と優しさに包まれたら、どれだけ多くの人がその日一日を幸せに過ごすことができるようになるか。

私は、こんな小さなことが私たちの社会を大きく変えてくれると信じています。

優しさは花の香りと同じです。

一輪の花が部屋全体をいい香りで満たすように、みなさんのほんの少しの優しさが、私たちのこの社会を優しく変えてくれます。今日から家庭を、職場を、学校を、町を、笑顔で満たしましょう。

いじめから不登校になってしまった、神戸に住む中学三年生の少女のことを書きます。

この少女は母子家庭で育ちました。お母さんは生命保険の契約社員として必死に働きながら、少女と生きていました。少女が不登校になってからも、学校に行くように無理強いすることはなく、見守っていました。

でも、少女はいつも疲れ果てて帰って来る母親の姿を見て、自分を責め続けていました。「お母さんは私が学校に行けないことを哀しんでいる。だから、私がいなくなったら、お母さんはきっと幸せになれる」、そういって相談して来た少女に、私は、学校には行かなくてもいいから、家の仕事をしてお母さんを手助けすることをすすめました。

次の日から少女は大忙しです。

朝ご飯と夕食は少女がつくります。家の掃除や洗濯も少女の役目です。

最初、お母さんは戸惑っていましたが、どんどん笑顔になっていきました。

そして、お母さんからの「ありがとう」「助かるわ」という感謝の言葉が、「自分が役に立っている」ことの証明に感じられ、少女はうれしかったといいます。

少女もどんどん笑顔を取り戻していきました。

お母さんの仕事も順調になり、大きな契約を取れた日は、私の知り合いの神戸三宮にあるステーキ屋さんでよくディナーを食べたそうです。

そんな少女からうれしい連絡がありました。将来の進路についてです。


先生、私お母さんと話して、中学を卒業したら調理師の学校に行くことにしたよ。お母さんも応援してくれるって。

それにね、先生のお友だちのステーキ屋さんのシェフも応援してくれるって。

昼間は学校でいっぱい勉強して、夜はシェフのもとで勉強を兼ねたバイトをするよ。

先生がいつかいっていたように、将来はみんなに笑顔を配れる人になりたいです。私の場合は、おいしい料理を食べてもらうことだな。

いつか、先生に私の料理をごちそうするからね。

最初の一歩

明日の朝、最初に目が合った人に笑顔で「おはようございます」といおう。

2

自然に触れよう

私は講演会に来てくれた人たちに、いつも、最初に聞くことがあります。

それは、「今日、朝起きてから今まで、一つでも美しい花を見た人、一回でも美しい鳥の声を聞いた人、手を挙げてください」という質問です。哀しいことに、ほとんどの大人たちや子どもたちの手は挙がりません。

美しい花や美しい鳥の声、美しい自然と触れ合うことは、人のこころを優しくしてくれます。

でも、今、多くの人が、その時間をつくるゆとりをなくしています。みなさんは、どうですか。

私のもとには、今に悩み苦しむ多くの子どもたちや若者たちからの「つらい」「苦しい」「死にたい」というメールや電話が届きます。私はこのような相談をして来る人たちに、いつも一つのお願いをします。

それは、一日に一つでも二つでもいいから、美しい花や美しい朝日、夕日、あるいは景色を見つけて、それを携帯電話で写真に撮って、私のもとに送ってほしいということです。

そんな私のもとには、毎日数え切れないほどたくさんの美しい写真が届きます。そして、子どもたちや若者たちは美しいものに触れるにつれて、変わっていきます。

ある若者は海辺の美しい景色の写真を送ってくれました。写真にはこんなうれしい言葉が記《しる》してありました。

死にたい、死にたいと思っていた自分が、とっても恥ずかしくなった。今がどんなに苦しくても、生きてさえいれば、きっとたくさんいいことがある。そう思えてきた。だって生きていたから、こんな美しい景色を見ることができたんだから。

いじめで苦しみ、死を考えていた少女は、自分の飼っているかわいい猫の写真を送ってくれました。その写真には次の言葉が添えてありました。

私が死んでしまったら、この子が一人ぼっちになってしまう。そんなことできない。先生、力を貸してください。いじめと戦います。

親からの虐待《ぎゃくたい》に苦しみ、自らいのちを絶とうとマンションの屋上に立った少年は、夕日の写真と新たな決意をメールで送ってくれました。彼は自死を思いとどまり、今は両親から離れて、自立を目指しています。

水谷先生。飛び降りようとした時に、先生の言葉を思い出して遠くを見た。そしたら、大きな夕日が沈もうとしてた。すごくきれいだった。自分がとても小さな人間に思えた。生きてみようと思った。

みなさんにお願いです。家から一歩出たら、少し遠回りをして美しいものを探してみませんか。耳を澄まして、美しい鳥の声を聞いてみませんか。

自然は、いつもたくさんの美しいものを、私たちの周りに置いてくれています。こころを少しだけそちらに向けてみてください。

特につらい時、哀しい時、美しいもののそばに行って、美しいものとともにひと時を過ごしてみませんか。

美しい自然は、私たちのこころを癒やしてくれます。今を、そして明日を生きる私たちの力となります。

明日は早起きして、家族みんなで朝日を見てみませんか。きっと一日が変わります。家族が変わります。

私が一五年間かかわっている女性からの、うれしい卒業宣言を紹介します。

水谷先生、今日で私は、先生から卒業します。

先生に初めてメールしたのは一五年前、三月の終わりだったと思います。

小学校からのいじめで、中学校にはほとんど行くことができず、引きこもりになりました。それでも、高校に行きたい、高校に行ったらきっと変わることができると、先生の本を読んで思って、定時制高校を受験しました。その高校を落ちた日の夜、先生にメールしました。ひどいことを書いたよね。「先生の嘘《うそ》つき、先生の大切な定時制高校も、私を捨てた。今から死ぬんだ」って。

そのメールを送ってから、私、きちんと死ぬ準備をしたんだよ。ひもを用意して、家族にはごめんなさいの遺書。私をいじめた人たちとそれを見て見ないふりした先生や校長先生たちの名前も、したこともすべて書いた。

朝まで、何度も死のうとした。でも、できなくて。

そんな時、先生から電話が来た。

まだ、あの時の先生の言葉を覚えている。「水谷です。夜回り先生です。よかった間に合った。生きていてくれて、ありがとう」

その言葉を聞いて、私、泣いたよね。それでも、私は悪い子だった。先生に「死ぬ」「死んでやる」って叫んでた。先生はじっと聞いててくれた。

ちょうど朝日が出た頃だった。先生が、「あっ」って声を出した。思わず、私が「どうしたの」って聞いたら、先生が「ウグイスが鳴いてる。やっと、ホーホケキョってきちんと鳴けるようになったな。春が来たんだな」って。

私が死のうとしているのに、先生は私のことなんか何も聞いてくれてなかったんだって、頭に来た。

でもね、聞こえたんだ。明るくなった窓の外から、いろんな鳥の声が。それが「生きて、生きて」って聞こえた。そしたら先生、私に「生きて」っていった。「私、どうしたらいいの」って聞いたよね。

先生はすぐに、「頼みがある。君は携帯を持ってるよね。それで、先生に美しい自然の写真を撮って、毎日送ってほしい。私は夜の世界の住人。昼の美しいものを見る機会も触れる機会も、あまりない。ぜひ、まだ昼の世界は美しいと思える、そんな写真を送ってほしい」そういったよね。

あれから一五年、先生に何枚の写真を送ったかな。夜の世界で疲れている先生を幸せにしたかったから、たくさん送ったよ。

でも、私も美しいものを見るたびに、その写真を撮るたびに変わった。引きこもりの私が海や山に出かけて行った。そして、いい写真を撮るのにいいカメラがほしくて、コンビニのバイトも始めた。

先生以外の人にも自然の美しさを知らせたくって、自分のブログもつくった。じつは、三ヵ月前に出版社から連絡が来たんだ、私の写真集をつくりたいって。私が「なぜ私の写真を」って聞いたら、「あなたの写真は生きていることの喜び、感謝が溢れている」だって。私、思わず吹いちゃった。私の写真集、もうすぐ出ます。でも、先生には送りません。だって、先生はその時々にその写真を見ているから、私の思いとともに。

先生ありがとう。とうとう、先生には一度も会うことはなかったです。これからも会うことはないと思います。

それでいいよね。先生は、もう私のこころの中に住んでいるから。

最初の一歩

明日の朝、最初に見つけたきれいなもの（花でも鳥でも青空でも）の写真を撮ろう。

3

からだをたくさん動かそう

私のもとには、生きることに悩み苦しむ多くの若者たちからの相談が、絶えることなく届きます。死を語る相談も毎日のように来ています。若者たちからだけではなく、たくさんの大人たちからも。

今、私たちの国は病んでいます。日本では一二〇万人がうつ病の治療を受けています。また、一一〇〇万人が、うつ病以外の何らかのこころの病《やまい》で治療を受けています。日本では一二二〇万人、つまり、国民の約一〇人に一人が、こころを病んでいるということになります。

みなさんは、この一ヵ月の間に夜眠れない、あるいは、眠りにくい日がありましたか。もしあったとすれば、みなさんのこころはすでに病み始めています。

じつは、うつ病などの後天的なこころの病は心身の分離から始まると考えられ、「文明病」ともいわれます。日本はもちろんのこと、アメリカやヨーロッパなどの文明国で多く発症しています。これは当然です。移動は交通機関を利用するのであまり歩かない、わざわざ会いに行かなくても携帯電話で話ができ、娯楽もからだを動かすスポーツなどではなく、テレビやゲーム、ネットで遊ぶ。その結果、からだは疲れていないのに、こころが疲れてしまうのです。

一方、アフリカや南アジア、南アメリカなどの発展途上の国々では、後天的なこころの病は少ないことがわかっています。子どもも大人も朝早くから夜遅くまで、生きていくために必死で働いていますから、当然、夜は疲れていますから、悩む間もなく熟睡してしまいます。

「健全な精神は健全な肉体に宿る」。このことを今多くの人たちが忘れています。

夜遅くまでテレビを見たり、ネットをしていれば、朝は眠くて仕方がありません。そのせいでイライラして、人に当たってしまう。また、つねに神経がピリピリしていますから、周りの視線や言葉がこころに突き刺さる。みなさんにも覚えはあるはずです。

「死にたい」「死にます」「さようなら」という哀しいメールを送ってくる子どもたちには、ある特徴があります。ほとんどの子どもたちが、「夜眠れない子どもたち」です。こころやからだの健康のために大切な昼の時間を、こころを閉ざしからだを縮め、周りにたくさん存在する優しさや美しいものに触れることなく過ごしています。そして、孤独と暗闇がこころを追いつめる夜の時間に、一人暗い部屋で自分を追いつめていきます。その結果、死へと進んでいきます。

しかし、つらい状況の中でも、立ち直れる人もいます。ある女性からの元気が出るメールを紹介します。

お久しぶりです。といっても、夜回り先生はきっと私のことは覚えていらっしゃらないと思います。でも、どうしてもお礼を伝えたくてご連絡しました。

私は今二二歳ですから、七、八年前になるでしょうか。ちょうど一五歳前後だったと思います。

今思うと「うつ」に近い精神状態でした。家庭環境のせいだけではありませんが、そういう環境ではあったと、子どもながらに思っていました。

親から虐待に近いことをされ、「生むんじゃなかった」と何回もいわれ、「愛される」という自覚が持てないまま、ただただ毎日が暗闇の中で、絶望のひとことでした。非行に走るわけではなかったのですが、学校へは行かなくなり、毎日、死にたい気持ちと戦っていました。

昼夜逆転の生活。昼は部屋で眠り続け、夜はネットの世界に逃げ込んで、同じような環境の人たちと傷をさらし合い、傷をなめ合うことで、さらに傷を大きく深くして死へと進んでいました。一人で死ぬのは寂しくて、ネットの世界で一緒に死んでくれる人を探していました。死ぬことしか考えていなかった。

その頃、夜回り先生の本を読んで号泣し、先生の言葉に救われたのを覚えています。あの頃の私は、大人というものを信用できず、何もかもを諦《あきら》めていました。先生の本に出会い、こんなふうに子どもと向き合ってくれる人がいるんだと、思えました。

そして、先生にメールをしました。メールが返って来た時は、こころの底からうれしかったです。お忙しい中でしたのに、本当にありがとうございました。

先生、信じて生きていれば明日は来るんですね。本当でした。正直、何度もこのいのちを終わらせることを考えました。

でも、あの時死なないで、よかった。生きて、生きて、生き抜いたから、今が、こころから幸せだと思えるようになりました。手を差し伸べてくださったこと、言葉をかけてくださったこと、きっとこれからも忘れません。

今は、あの頃唯一のこころの支えだった音楽を頑張っています。ジャズです。夢はニューヨークへ行って本場の空気の中で音楽をして、愛する人と出会い、結婚して自分の家庭をつくることです。そんな未来を語れること、それだけでも私には奇跡です。

きっと今でも、「あの頃の私」のような子どもたちがたくさんいると思います。先生がいらっしゃるだけで救われる人がいます。一人でも多くの「あの頃の私」が救われることを祈っています。

私は青春時代も大人になってからも、つらいことや哀しいことがあった時はジャージに着替えて走りました。このからだが悲鳴を上げるまで一〇キロも、二〇キロも、ただひたすら走りました。悩む間も、苦しむ余裕もありません。でも、走り終わった時の充実感が、いやなことをすべて忘れさせてくれました。

また、人生の壁にぶつかった時は旅に出ました。日本各地や海外、時には山に向かいました。多くの人たちとの触れ合いや自然との触れ合いが、自分の生きる道を教えてくれました。「悩んだり苦しかったら、絶対に立ち止まらず動く」これが私にとっての鉄則でした。この鉄則が私を救い、そして今の私をつくってくれたと信じています。

太陽の下で、たくさんからだを動かし、たくさんの美しいものに触れましょう。これが子どもたちとみなさんの、こころの病の一番の予防法であり、かつ、治療法でもあります。

つらさや哀しみに飲み込まれそうになったら、走りましょう、どこまでも。旅に出ましょう。

最初の一歩

天気のいい日は、きれいなものを一〇個探しながら太陽の下をとにかく一〇分歩こう。

4

まずは、自分から変わろう

かつて、私は高等学校の教員をしていました。

しかも、生徒指導担当ですから、生活習慣の指導や非行・犯罪の予防はもちろんのこと、問題を起こした生徒への指導や更生の手伝いも仕事の一つでした。

そんな私が、つねに他の先生たちにお願いしていたことがあります。それは、生徒の生活習慣や学習態度をきちんとさせたいのなら、まずは教員自らがきちんとしようということです。

廊下はおしゃべりすることなく一列で端をきちんと歩く。トイレは次に来た人たちのために、必ず奥から順番に使用する。授業は開始のチャイムと同時に始め、終了のチャイムと同時に終わらせる。身だしなみに気を配り、清潔な服を身につける。

そんな私は、多くの教員から「生徒指導ではなく教員指導だ」と批判されました。しかし、教員自らが、学校での生活態度をきちんとすると、自然と生徒たちもきちんとしていきました。

現在も私のもとには、不登校や昼夜逆転、深夜徘徊《はいかい》や非行、犯罪、薬物（ドラッグ）乱用など、さまざまな問題行動を起こす子どもたちの親からの相談が続いています。

どの親も、必死に自分の子どもを変えようと努力しています。私は、そんな親たちにいつもこういいます、「まずはあなたが、親が変わってください」と。

「朝は早起きし、みんなで朝食を食べる。父親も母親も仕事が終わったらできる限り早く家に帰り、家族みんなの触れ合いの時間をつくる。夜はみんなで就寝時間を決め、その時間になったら携帯もテレビもコンピューターも電源を切り、寝る。休日にはみんなで家の掃除と片づけ、家の中はいつもきれいに整理、整頓する。月に一度は家族そろって、遠くへの旅行でなくてもいいから、外に出て自然と触れ合う。これをきちんと繰り返していけば、子どもも変わりますよ」と伝えています。

親からの相談が来た時に、いつも聞くことがあります。

「ご夫婦の関係は、うまくいっていますか」「子どもの前で夫婦喧嘩《げんか》をしたことはないですか」「ご主人は、子育てにきちんとかかわってくれていますか」「家族みんなで、週に何回かでも一緒に食事をしていますか」「休みの日に家族そろってどこかに行ったり、何かをしたりしていますか」「家の中はきちんと片づいていますか」という六つの質問です。

　子どもが問題行動を起こしている家庭のほとんどは、答えはすべてノーです。みなさんの家庭はどうですか。


　こんなことがありました。

　中学二年生の一人娘が非行グループとかかわって、夜、家に帰らず、外泊と非行を繰り返している。困ったご両親から、助けてほしいという相談です。

　このご両親に先ほどの六つの質問をしたところ、一つもできていませんでした。父親は「おまえの育て方が悪いから、こんなことになった」と、母親を強く責めました。帰って来た娘の前で母親を怒り、手を上げることもあったそうです。母親は娘のことが心配でたまらず、家事もできません。当然ながら、家の中はメチャクチャでした。

私は「これでは、娘さんは家に戻れない。お父さんとお母さんの関係を悪くしたのは、家の中をメチャクチャにしたのは自分だと、さらに家から遠ざかり、大変なことになってしまいます」と話しました。

この日から、お父さんは変わりました。

会社が終わればすぐに家に帰り、お母さんとおそろいのエプロン姿で夕食をつくり、二人で夕食を前にして娘が帰るまで待ちました。帰って来たら叱るのではなく優しく受け入れ、家族で食事をしたそうです。

その繰り返しの中で、この少女は変わりました。高校生になった今は、野球部のマネージャーとして汗を流しています。

先日、このご両親と話す機会がありました。

お父さんの言葉がこころにしみました。

「娘が夜の世界に入っていた時、私は、娘をただ責めていました。でも、娘を夜の世界に追いやったのは自分だった。それを先生に気づかせていただいた。子どもを変えるには、まずは私たち大人が、親が変わらなくてはならないんですね。

今、会社でも実践しています。部下を変えるには、まず私が変わることが大事なんですね」

多くの人は、特に年下や目下の人を言葉や権威で変えようとします。でも私は、これは間違いだと考えています。

人を変えようとするなら、まずは自分が変わる。これが大切です。

最初は自分が模範《もはん》を示すことで、学ばせる。これがあるべき姿だと考えています。私は教員時代、いつもそうしてきました。

定時制高校の教員になった時です。職員室で各クラスの担任が、生徒たちがきちんと掃除しないことをこぼしていました。

私は自分のクラスの生徒たちに、「この教室は、君たちにとっても私にとっても大切な自分の部屋です。だから、私は教室の掃除当番は決めません。こころある生徒は、授業が終わったら、私と一緒に掃除しましょう」といいました。

最初はごく数人の生徒たちが私と掃除をしていました。

でも、一学期が終わる頃には、クラスの全員が、私と教室を掃除していました。一年後には、全校の生徒たちが、教室をきれいに掃除するようになりました。人のこころは、言葉で教育することは、とても難しいのです。本当のこころの教育は、自らが実践しながら、相手にそれを見せ、こころに響かせることによってしかできないものです。

人を変えようとするなら、まずは自分が変わりましょう。

自分から変わることの大切さに気づいてくれた、一人の高校生からのメールを紹介します。

水谷先生、こんばんは。先生のことは親から聞いていて、昨日が初講演会でした。高二の男子です。家族と一緒に写真を撮らせていただいてありがとうございました。サインをいただいた『ありがとう』の本も読みました。

講演前、夜の世界なんて本当にあるのかなと思ってました。ドラマでやってる学校の不良とか、あんなのつくり物だろって思っていたんですが、実際に、存在するんですね。

僕は親から捨てられることもなく、友だちからはいじめられることもなく、そんな生ぬるいというか、恵まれ過ぎている環境の中で生活してきました。それでも、生きる幸せを実感できなかった。僕は弱いです、とても。

これまでたくさんの夢を抱き、壁にぶつかったり挫折《ざせつ》するとすぐに壊れてしまう。そんな繰り返しでした。

ここ最近、ずっと、自分が生きている意味なんてあるのか悩んでいて、学校に行く回数も減りました。時には、この恵まれ過ぎてる環境も恨《うら》みました。いっそ親に捨てられたら強い自分になれたんじゃないかって。夜の世界なんて信じられない。けど、少し興味があったかもしれません。

講演中は、素直に手を挙げられなくてすみませんでした。

けど、今は思います。自分はバカだ。自分より苦しんでいる人はたくさんいるんだ……助けてほしい人がたくさんいるんだ……それなのに、今の自分のありがたい環境を恨んでしまっていた。僕はきっと逃げたかったんです。今のぬるい世界が居心地よ過ぎて、夢を追いかけて自分が「変わる」ことを、恐れてたんだと思います。本当に弱いと思います。

でも、講演を聞いたり本を読んで、夜の世界から頑張って更生した人のことを知って、自分がこの程度のことで折れちゃいけないと思いました。僕より苦しんで、頑張ってる人がいる。自分も頑張らないと。先生に勇気をいただきました。

自分のことだけを考えて、一人で勝手に悩んでいた。このままの自分で終わりたくないです。

これから自分も、たくさんの人のためになるような、誰かを幸せにできる、そんな夢を追いかけていきたいと、今は素直に思ってます。また壊れそうになったら、このことを思い出して頑張りたいです。

といいたいのですが、正直いうと、まだ自信に溢れているわけじゃない。また壊れてしまうのが怖いというのが本音です。

今は、何ができるかまだわからない。けど、一生懸命、これからの生活の中から探していきたいと思います。

先生、ありがとうございました。これからもたくさんの人を救い出してあげてください。僕も先生に負けないくらい、たくさんの人から必要とされる人になりたいです。

最初の一歩

今夜、「今日も一日、よく頑張ったね」と自分を褒《ほ》めよう。

5

人のために、何かしよう

私は、苦しみやつらさの中で相談して来る子どもたちに、つねにこう伝えています、「人のために何かしてごらん。帰って来るありがとうのひとことが、優しさが、君の生きる力になる。明日を拓《ひら》く」と。

この言葉を実行することによって、自分の足で歩き始めた子どもたちはたくさんいます。

人は悩み、苦しむと、自分のことしか考えることができなくなってしまいます。そして、過去と今にとらわれ、大切な明日のために大切な今を使うことができなくなってしまいます。

そんな時、人のために何かをし、それに感謝されることは、自分が存在していることの意義を教えてくれます。

これが、明日に向かって生きていく力となります。

無邪気《むじゃき》な子どもたちとの触れ合いが癒しとなって、生きていることの幸せを実感できた人もいます。

水谷先生、お久しぶりです。今日は報告をします。

一年前までは自殺願望があり、生きる理由がなく、人が信用できませんでした。先生に相談したら「人のために何かしてごらん」といわれたけれど、その言葉を信用しようか迷いました。

でも、「どうせあと少しのいのちなんだから突っ走れ」って思って、ボランティアを仕事にしている知り合いに、何か手伝えることはあるか相談に行きました。そうしたら幼稚園のボランティアをすすめられました。ボランティア先は、私が通っていた幼稚園でした。

園長先生は昔と同じで、みんなに優しくて、いっぱい愛をくれる人でした。最初、園児たちは目を合わせてくれなかったりして絡《から》みづらかったけれど、だんだん私のことを「先生」って呼んでくれるようになりました。

今思い返すと、目を合わせていなかったのは園児たちではなく、私だったのかもしれません。

突然、ある園児に手首の傷を聞かれました、「そこどうしたの?」って。私は頭が真っ白になりましたが、ちゃんと正直に答えました、「こころの病気にかかっちゃって、今は治療中だよ。みんなは絶対こんなことしちゃだめだよ」って。そしたら、この子が私の手を握ってくれて「痛いの痛いの飛んで行け〜。また痛くなったら私のところに来てね！　おまじないしてあげるから」そういって、真っ直ぐ私の目を見てくれたのです。

こころがホワッと温かくなり、今まで生きてきた中で一番幸せな瞬間でした。

薬やカウンセリング、どんな治療よりも、私に一番効《き》きました。

そんなこともあり、今は笑顔でやっています。たまに、死にたくなったりリストカットしたくなったりする時もあるけれど、いつも私に真っ直ぐ向き合ってくれる園児たちに真剣に応えたい。そう思うようになったから、今はほぼゼロくらい自傷行為はしていません。

水谷先生のおかげでもう少し生きてみようって、今、思ってます。

先生、ありがとうございました。

私は長年、夜の世界で苦しむ子どもたちとともに生きてきました。しかし、いくつもの尊いいのちを失いました。私は一つのいのちを失うたびに、夜の町に出ました。そして、夜の町を虚《うつ》ろにさまよう子どもたちのそばに立ち続けてきました。彼らからもらう「ありがとう」のひとことが、私の明日への力となりました。みなさん、つらい時、哀しい時、人のために、何かしましょう。帰って来るありがとうのひとことが、優しさが、君の生きる力になる。明日を拓きます。

新たな気づきを得た女性のメールを紹介します。

私はもう二五歳で若者でもないし、悩みがあるわけでもなくて、ただ、お礼をいいたくてメールしました。

中学生の頃、いじめを受けていて、死にたいと何回も思いました。親にはいえないし、友だちもいないから、誰も助けてくれない。「私みたいな弱い人間なんて、生きている意味がない」と、毎日考えていました。

そんな時、水谷先生のことをテレビで知りました。どうしても話を聞いてほしい、話がしたいと思い、メールをしたことがあります。その時は「死にたい」とだけ書いて送りました。

私が勝手に予想していた返事は、「死なないで」とか「もうちょっと頑張って」みたいな、ありきたりな言葉でした。私のことを一瞬でも考えてくれるのなら、そんな返事でもいいと思っていました。

でも、実際は予想とはまったく違って「あなたは誰かのために何かをしたことがありますか？」とだけ書かれていました。

このメールに驚いたのと同時に、私が誰かのために何かをしたことがあったかを考えてみました。ものすごく考えて、考えて、考えて、結局、何もしたことがないことに気づきました。

それから、誰かのために何かができたら、私が今生きている意味、これから生きていく意味が見いだせるんじゃないかと思い、いろいろ考えて、自分なりに頑張った結果、今、介護の仕事をしています。

先生にメールを送った頃からすると少しは大人になっていて、考え方も変わってきていると思います。でも、先生からのあの言葉だけは忘れず、日々頑張っているつもりです。

今後も「あなたは誰かのために何かをしたことがありますか?」と自分に問いかけながら、頑張っていこうと思います。本当にありがとうございました。

最初の一歩

一日の終わりに、自分に「今日は、誰かのために何かしましたか?」と問いかけてみよう。

6

規則正しい生活をしよう

私たち人間は、動物です。今から約八〇〇万年前に、猿から分かれて人類の祖先が誕生しました。しかも、昼の太陽の下で働き、愛し合い、生きるようにつくられた昼行性の動物です。

夜行性の動物、たとえば狐《きつね》は、夜、月明かりの下で踊ります。彼らは暗闇でも目が利《き》きますから、夜は眠っている小動物を狩る時間、一日で一番幸せな食事の時間です。

でも、私たち人間にとって、夜は眠る時間です。眠る、いい換えれば一番無防備になる。もっといえば、いったん死ぬ時間です。だから、私たち人間は夜を恐れます。夜になると、感情的に不安に、そして不安定になります。

かつて人間にとって、夜はただひたすら闇を恐れ、死のにおいに脅《おび》え、身を縮めて眠る時間でした。

今や、それが変わってしまいました。夜もまた、私たちの活動時間になってしまいました。夜の恐ろしさをきちんと理解せずに……。

みなさんは、夜ラブレターやラブメールを書いたことがあると思います。それを次の朝読んでどうでしたか。顔を真っ赤にしませんでしたか、何でこんなことを、こんな感情的なことを書いてしまったのかと。私は物書きです。でも、夜書くことは、ほとんどしません。夜書いた文章は感情的で、とても人様に見せることのできるものではないと考えているからです。

そんな感情的で不安定な夜の時間に、多くの子どもたちや若者たちは、ネットやゲーム、テレビの世界に入り込みます。仮想現実の世界に入ってしまえば、こころが異常に染められていきます。

感情的で不安定ゆえに、携帯やメール、ラインやネットでコミュニケーションを取れば、しなくてもいい喧嘩をしてしまったり、人を傷つけたり、人から傷つけられたりしてしまいます。

また、本来眠るべき時間に、からだやこころが休めませんから、疲れてしまいます。その疲れが積み重なってからだやこころを壊し、病になってしまうのではないでしょうか。

みなさんにお願いがあります。

ぜひ、今日から規則正しい生活を送りましょう。

何か特別なことがない限り、夜一〇時にはすべての電子機器や明かりを消して、家族みんなで「お休み」の挨拶《あいさつ》をして就寝です。朝六時にはみんなで起床する。昇る朝日に、家族みんなで、今日をまた迎えられたことを感謝し、その日一日を始める。

もし、これができたならば、ほとんどすべての人は、こころの病になることはないでしょうし、今病んでいる人も、救われます。

じつは、このことに、すでに一二〇〇年ほど前に気づいていた人がいます。それは仏教、真言宗の開祖である弘法大師《こうぼうだいし》（空海）です。

四国の八八ヵ所の霊場（札所《ふだしょ》）を歩いて回るお遍路《へんろ》をつくりました。

巡礼者は「お遍路さん」ともいわれ、何と一三〇〇キロもの長距離を、男性の足でも三十数日、女性ならば四〇日以上かけて、歩きます。朝早くから、途中途中で仏様に祈りながら、夕方遅くまで歩き通します。当然、体力はついて健康になりますし、疲れていますから、夜は早めにぐっすりと眠ることができます。

また、四国にはお接待という風習があります。お遍路さんに優しいことをすれば、その人も仏様の功徳《くどく》をいただけるといういい伝えから、お遍路さんは、道中でたくさんの優しさや思いやりをもらうことができます。

これがこころの糧《かて》となります。

私は、今までに一〇〇〇人近い、こころを病んだ若者たちをお遍路に送り出しました。ほとんどの若者たちは歩き切り、社会へと復帰しています。

本当に、弘法大師はすごいことを考えたものです。

実際に、お遍路を経験して見違えるほど元気になった女子大生からのメールを紹介します。

先生にすすめられた通り、四国お遍路を巡っています。

水谷先生がお寺を好きな理由が、ほんの少しだけわかったような気がします。朝から夕方まで、ただひたすら歩き続け、仏様に出会い、そのお顔にこころの安らぎを感じます。こころもからだも無我夢中で、邪心《じゃしん》が宿る余裕なんてない毎日です。

でも、お参りしている最中、自分と向き合い続けている自分に気づきました。「死にたい」「消えたい」と先生に訴え続けていた自分が、恥ずかしくなりました。自分ってこんな後ろ向きなことばかり考えていたんだなって、びっくり。後ろを向いていたって、しょうがないって思いました。

気がつけば五二ヵ所を回り終え、残すはあと三六ヵ所です。からだは健康になりました。出会う人たちからたくさんの笑顔と励ましをいただいて、こころも健康になりました。

お遍路の踏破《とうは》に向けて明日も頑張ります。ちっぽけな自分の中に誇《ほこ》れるものを見つけられそうです。

先生、素敵なきっかけをくれてありがとう。

最初の一歩

明日から一週間、
朝六時に起き、夜一〇時に眠る生活に挑戦しよう。

7

季節を感じよう

私たちの国日本は、春夏秋冬という四季を持つ、恵まれた国です。それぞれの季節に美しい自然を感じることができますし、おいしい季節の味を楽しむこともできます。

私たちの祖先は、春には自然の中で次々と芽生《めば》えるいのちの息吹の中で種をまき、夏は日照りの中でもそれを必死に守り育て、秋には喜びの中でそれを収穫し、厳しい冬は寒さに震えながら、いずれ訪れる春を待ち、必死で生きてきました。これは、今も日本各地にさまざまな祭りの形で残っています。

しかし、今、多くの日本人がこの季節感を失っていると、私は感じています。冬は暖房のおかげで寒さに震えることなく生活できますし、夏は冷房の効いた部屋で暑さに苦しむことなく過ごすことができます。オフィスビルやマンションでは室温が調整され、一年中快適な中で生活することができます。

私たちが食べるものもそうです。どんどん季節感が失われています。野菜はほとんどのものが、一年を通じてスーパーマーケットで販売されています。魚も肉も季節を問わず、お店に並んでいます。

季節感を感じるとしたら、その価格でしょう。トマトでもキュウリでも、旬《しゅん》の時期になれば収穫量が増えますから、普通は価格が下がります。

みなさんは日々食べているものの旬、つまり収穫の季節をきちんと知っていますか。トマトやナスなど春に種をまく野菜は、夏が旬です。米などの穀物は、秋が収穫になります。

魚の場合は、たくさん獲れる季節が旬だとするならば、ほとんどの魚の旬は春です。産卵のために湾内の浅瀬に集まって来るため、漁師たちがたくさん獲ることができるからです。でも、一番おいしい季節を旬とするならば、それぞれの魚で異なります。

それでは、豚肉や牛肉、鶏肉は、いつが旬でしょうか。

きっとみなさんは、人が飼育しているのだから一年中が旬だと考えると思います。

でも、じつは違います。冬になる直前の季節が、一番おいしい旬です。近づく厳しい冬のためにたくさん食べて、からだに栄養をたくさん蓄《たくわ》えるからです。

私たち日本人のからだやこころは、この日本の四季の中でつくられたものです。そのバランスが、今急速に崩れています。このことも、今日本に広がるさまざまなからだやこころの病の要因の一つになっていると、私は感じています。

毎日でなくてもいいので、それぞれの季節に、季節を家族で味わう日をつくりませんか。

春には花見。朝早くからお弁当をつくり、それを持って近くの桜の名所に行き、美しい桜を見ながらお弁当を味わいます。そして、今年もまた美しい桜を見ることができたことに感謝しましょう。

夏には採れたてのキュウリやトマト、枝豆を味わいます。夜は冷房を止め、かつての祖先たちのように暑苦しさと蚊の攻撃に、寝苦しい夜を過ごしましょう。

秋にはきのこ汁に新米のご飯と、おいしい肉ですき焼きです。地元の秋祭りも楽しみましょう。

冬は漬け物などの保存食を食べます。夜は暖房を消し、布団にくるまって、寒さを感じながら身を縮めて寝てみましょう。

ぜひ、やってみてください。

こんな簡単なことが、じつは私たちの日々の生活に変化をもたらし、こころのはりをつくってくれます。それが、からだやこころの健康につながります。ぜひ、季節を感じましょう。

「どんなにつらくても苦しくても、春は必ず来る」、凍ったこころを溶かすようなうれしいメールを紹介します。


水谷先生の笑顔に救われて、自殺せずに何とか今まで生きることができました。今月、三五歳になりました。

ちょうど五年前の誕生日に、死ぬつもりで夜中の町をさまよい歩いていました。三月なのにとても寒い日でした。こころもからだも震えながら、死に場所を探していました。

ここで飛び込もうと、大きな橋の近くのベンチに座っていたら、黒いコートを着た怖そうなおじさんが、私の隣に座りました。それが、水谷先生でした。

私のからだ狙いの中年の親父《おやじ》かなって考えていたら、足もとを指して、私に声をかけて来た。「ごめんね。見てごらん。ほら、こんな寒いのに一生懸命この草が生きてる。すごいね。ここにもうすぐ春が来るんだね」、そういわれた瞬間に、私の凍っていたこころは溶けた。私が話そうとしたら、先生は「何もいわなくていいんだよ。帰ろう、家に。どんなに冷たく苦しい冬であっても、必ず春は来るんですよ。相談してね」といって、名刺をくれた。

先生と出会えてなかったら、今の私はいないと思います。

あれから五年、今、やっと落ち着いて、生活保護と障害年金をいただきながら障害者施設で暮らしています。これから、まだまだ頑張ります。どんなにつらくても苦しくても、春は必ず来るんだから。

幸せはいろんなところに転がっている。からだで季節を感じながら、たくさんの自然から大事なことを教わった少女もいます。

先生、こんばんは。

先生の元気が出るように、元気まっただ中の私がお知らせします！

この前の日曜日、おばあちゃんの畑のじゃがいもを一〇〇キロ以上掘ったよ。体重もそれなりに増えたみたいで、このぐらいじゃ、へこたれなくなったの。

それから、庭に植えてあるカモミールをはじめとするハーブたちが、やわらかい新芽を伸ばしてどんどん成長している。雨が降ると倒れちゃうし、風が吹けば大げさなぐらい揺れて心配になるけど、意外と強いもんだよ。まだ、一つもだめになっていない。私も見習わないとね。

ひまわりの花が三つ咲いたよ。飼っているうさぎにも、ひまわりって名前の子がいたんだ。うさぎのひまわりが死んじゃってから、ひまわりの花が咲いたのを初めて見た。忘れないでってことなのかな？

それから今日は、大好きだけど機嫌に波があるお母さんが、私がずっと見たいっていってた蛍《ほたる》を見に連れて行ってくれた。

毎日感謝することばっかりで、幸せってこういうことなんだ、幸せっていろんなところに転がってるんだな〜って思うよ。お花の種をまけば花が咲くように、幸せって自分でつくり出すこともできるんだね。

私のお気に入りの写真添付しておきます。

先生のブログ、楽しみにしています。

最初の一歩

春夏秋冬、季節が変わったら、時々でもいいので、家族で旬を味わう日をつくろう。

8

本当の優しさを育てよう

二〇一五年二月に、神奈川県川崎市で一人の中学一年生が殺害されました。私は事件直後から、この事件の背景を追い続けてきました。

殺害された少年は、両親の離婚によって、小学校六年の二学期に島根県隠岐《おき》諸島の西ノ島町から、母親の実家のある川崎市に移り住みました。西ノ島町でも川崎市の小学校でも、とても人気者だったそうです。母親は看護助手の仕事をしながら、子どもたちを育てていました。

この少年は中学校ではバスケットボール部に入り、熱心に活動していました。しかし、中学一年の秋頃から非行少年たちのグループに入り、年が明けてからは、ほとんど学校には通学していませんでした。この非行グループを抜けようとして、グループの少年三人によって殺害されてしまいました。これが事件の概要です。

私は、この事件は防ぐことのできた、いや、防がなくてはならなかった事件だと考えています。

もしも、この被害者の少年のお母さんが、息子の深夜徘徊や非行グループとのかかわりについて学校や警察に相談していたら、防ぐことができました。

また、彼の中学校の先生たちも、彼が学校に来ないことに関してきちんとした問題意識を持っていました。そこで、もし、担任や先生方が、彼のお母さんをはじめ、警察や児童相談所と連携していれば、彼のいのちは失われなくてすみました。

私は決して、彼のお母さんや先生方を責めているのではありません。みんなが彼のことを心配し、何とかしなくてはと考えていました。ただ残念なことに、もう一歩踏み込んで動くことができていませんでした。

本当の優しさは、ただ思っていたり考えているだけでは、不十分です。行動を起こして、初めて成立するものなのです。この事件でも、彼の周りの大人たちに本当の優しさがあったら、防ぐことができたのです。

また、二〇一五年八月には、大阪の寝屋川市で中学一年生の男子生徒と女子生徒が深夜徘徊し、翌朝、自動車で連れ去られ、殺害されました。

この二人は夜九時ごろから翌朝五時過ぎまで、友だちの家に泊めてもらおうと一時間ほど駅前を離れた以外、わずか一〇〇メートルの駅前商店街にずっといました。二人の横を、数多くの大人たちが通り過ぎて行きました。声をかけることも、もしかしたら気づくこともなく。

もし、一人の大人でも彼らに声をかけていたら、あるいは、深夜なので警察に通報してくれていたら、失うことのなかった二つのいのちです。防ぐことはできたのです。

私は事件後、寝屋川市で、市民に対しての講演会で演壇に立ちました。その前に市の幹部の人と話をしたのですが、絶句しました。幹部の人は「あの事件後、駅前の商店街の監視カメラの数を二倍に増やしました。これで再発防止につながります」、そう、私に話してくれました。私は彼にいいました。「監視カメラを増やすより大事なことがあるはずです。夜、子どもたちが町を徘徊していたら、その子どもたちのそばに行き、話をしたり、状況によっては、警察に通報するという市民の意識をつくること。まずはあなたが、夜、駅前を回り子どもたたちに声をかけることです。これが、再発予防のための最善の、そして、今、しなくてはならないことなのではないですか」

もし、私が、「夜の町の子どもたちが心配だ」と話すだけで、何も行動していなかったとしたら、私は、「夜回り先生」として、多くの子どもたちから信頼される一人の教員になることはできませんでした。心配だから、夜の町に出て、子どもたちと直接かかわり、子どもたちの明日を拓こうと動いたからこそ、子どもたちは、私にこころを開いて、そして、昼の世界に戻ってくれました。

みなさんにお願いがあります。

ぜひ、周りの子どもたちに、目とこころを向けてください。哀しそうに下を向いている子がいたら、「どうしたの」と声をかけてあげてほしい。いじめられている子がいたら、直接声をかけなくても、警察に電話をする勇気を持ってください。

そのような大人が、川崎の少年の周りに一人でもいて、行動していれば、彼は今頃元気に学校で学んでいたはずです。また、彼を殺害してしまった三人の子どもたちの周りに、それまでの人生で、一人でも彼らをこころから心配し、彼らとともに生きる大人がいたら、今も彼らは太陽の下で、明日に向かって笑顔で過ごしていたはずです。寝屋川の二人の子どもたちも、今も笑顔で中学校に通い、明日を求めて学んでいたはずです。

本当の優しさを示し、若者たちが変わるきっかけをつくった、一人の男性のメールを紹介します。

飲食店で、店長をしている者です。深夜になると、お店の駐車場に七、八人の若者が頻繁《ひんぱん》にたむろしていて、手を焼いていました。大声で騒ぎ、座り込み、信じられないくらい大量のゴミはそのまま放置です。

「注意して、逆ギレされたり、何か悪さをされたら困る」そう考えて、いつも知らんぷりをしていました。

今日も退勤時、駐車場に行くと、若者たちがたむろしていて、ゴミは散らかし放題でした。

いつものように知らんぷりして帰ろうと思ったのですが、講演で聞いた水谷先生の「大人がいけない、子どもは助けを求めている」という言葉が、脳裏をよぎりました。勇気を出して、「ゴミは捨てて帰れよ」とだけ声をかけました。

そして、いったん車で家に向かったのですが、気になったので戻ることにしました。自分の先入観から、「どうせ、そのままだろうから、ゴミ袋を用意して一緒に片づけよう」と考えたのです。

しかし、戻ってみるとゴミはなくなっていました。

自分の出したゴミを片づけるのはあたりまえのことです。

でも、若者たちはそれを評価されないから居場所がなく、夜な夜な徘徊してるのかなと考え、「片づけてくれてありがとう」といってみました。すると、髪は金髪、乱暴な言葉づかいだった若者が、目を合わせてはくれませんでしたが、「片づけぐらいするよ、僕たち悪い人間じゃないし」とボソッといいました。

そこでさらに、「雨が降って来たら寒くなるよ。風邪ひくといけないから、今のうちに帰ったほうがいいよ」といってみると、一人の女の子が「今日は帰ろうよ」といい出し、一人、また一人と、自転車にまたがり、帰り始めました。

何がきっかけでゴミを片づけたかわかりません。でも、これまでとは違い過ぎる若者たちの態度を目の当たりにして、正直、驚きました。

もし、次に会うことがあれば、先入観を捨てて向き合うことにします。少し話をして、何か褒めてあげようと思います。小さなことでもいいから、何か見つけて褒めることで、若者たちが今まで拒否し続けたものに、素直に向かい合うきっかけをつくってあげたいと思います。

先生の言葉が胸に響いていたから、行動を起こせたのだと思います。ありがとうございました。

最初の一歩

今日一日、自分の先入観をすべて捨てて、優しい気持ちで生きてみよう。

9

優しさを配ろう

みなさんにお聞きします。

電車やバスで席に座っている時、お年寄りが乗って来て目の前で立ったら、席を譲《ゆず》ってあげたいと思ったことはありませんか。

これはとても尊いことです。こう思うことだけでも、こころの中に優しさがあるということです。

でも、何となくいい出せなくて、結局、席を譲ることができなかった。そんな経験はありませんか。

優しさは、ただ思うことだけでは、不十分です。行動を通して、初めて成立するものなのです。

優しさを配ったことによって、たくさんの感謝の言葉をもらうとうれしいものです。そんな女性のメールを紹介します。

今日は、先生に報告があります。

先日、電車内におじいさんとおばあさんが風呂敷に包んだ大きな荷物をいくつも持って乗って来ました。

座席はあいていなくて、食べ物だったらしく床に置くわけにもいかず、ご老人二人は荷物を持ったままずっと立っていました。その光景を見ても、座っている人は誰も席を譲ろうとしませんでした。

私は人に話かけるのが怖かったし、拒否されたらどうしようって思ったけど、声をかけなかったことを後悔したくなくて、思いきって二人に声をかけました。そして、二人の荷物を持ちました。そのまま二人が降りる駅で下車し、荷物をタクシー乗り場まで運んで、タクシーのトランクに積んで見送りました。

お別れする間際、二人から、とても温かい言葉をいただきました。

「ありがとうございます。こんな親切なことをしていただいたのはものすごく久しぶりでした。最近の若い子も捨てたもんじゃありませんね、あなたみたいな素敵な女性がいるんですから。今日はとてもいい気持ちにさせていただいてありがとうございます」と。私も、「こちらこそ、お役に立ててうれしかったです。お気をつけて」といって、お別れしました。

すごく、すごく、うれしくて、思わず泣いてしまいました。

生きててよかったって思えました。私なんかでも誰かに感謝されることもあるんだって。自分にも少しは存在価値があったんだって思えました。

先生が優しさを配りなさいといっていた意味が、ようやくわかったような気がします。

先生がいなきゃ、私はきっと行動に移せなかった。こんな幸せな気持ちを知ることができませんでした。

先生、ありがとうございました。

最初の一歩

外出先で困っている人を見かけたら、電車やバスで席を譲ったり、「お手伝いします」と声をかけよう。

10

考えること、やめよう

今、日本ではたくさんの人がこころを病み、心療内科や神経科、精神科で治療を受けています。私のもとにも、こころを病み、苦しむ若者たちや子どもたちからの救いを求める相談がたくさん来ます。

なぜ、このようなことになってしまったのでしょうか。

まず、背景としては、この社会的、経済的閉塞状況があります。多くの人たちが、明日を夢みることができず、今を生きることに苦しんでいます。まじめに勉強すれば、まじめに働けば、必ず国も会社も報《むく》いてくれる。今日より明日、明日より明後日と、より恵まれた豊かな日々が待っている。これが、幻想となっています。

そして、家庭も会社も、いや社会全体がイライラしたものとなってしまい、そのイライラが、子どもたちや若者など、社会的弱者の人たちを傷つけ、こころを病む大きな原因となっています。

でも、多くの人がこころを病んでいくことには、私は、もう一つ大きな理由があると考えています。それは、考えるからです。

私は先日、車で宮城県の気仙沼に行って来ました。気仙沼に向かう峠《とうげ》を下りたところに、プレハブ建ての小さなおそば屋さんがあったので、そこで昼を食べることにしました。

その店は八〇代のおばあちゃんが一人でやっていました。手打ちで、そばに腰はないけれど、優しい甘さのある不思議なそばでした。おばあちゃんと話をしました。

もともとは、気仙沼の市内に店はあったそうです。でも、あの東日本大震災で店を失い、大切な跡継ぎである息子さん夫婦とお孫さんを亡くしたといいます。店の壁には昔の店と亡くなったご家族の写真が飾ってありました。

おばあちゃんから聞いた言葉に、私はこころが震えました。

「過ぎてしまったことは、クヨクヨしてもしょうがない。私が泣いたら、息子たちや孫たちが帰って来るのなら、私はいくらでも泣く。でも、そんなことをしても息子たちやかわいい孫たちは戻らない。だから、考えても仕方ないことは考えない。私にできるのはおいしいそばをつくること。そして、それをお客さんに食べてもらって、幸せな気持ちになってもらうこと。生かされている間は、自分なりにできることを精一杯やって生きていく。それでいいと思っています」


人が悩むのは、なぜでしょう。それは、答えが出ないからです。

でも、それを悩んで、大切な今を汚していいのでしょうか。

人間のこころは、とても単純なものです。深く考えてしまうから悩み苦しむのです。答えが出ないから悩み苦しんでいるのに、さらに答えを求めて考えても、そこには救いはありません、答えは出ないのですから。

私に相談して来る多くの子どもたちや若者たちは、過去の虐待やいじめから立ち直ることができず、その過去を思い出しては、苦しみ悩み、そして、哀しみや憎しみの世界へと落ちてしまっています。過去は、絶対に変えることができないのに。

かつて、フランスの哲学者パスカルは、「人間は考える葦《あし》である」といいました。この考える能力が文化や文明をつくる力となり、発展させてきたのです。でも、今、その考える能力が、人間をこころの病に追い込んでいます。

みんなが過去の出来事にとらわれるのではなく、あのおばあちゃんのように、考えてもどうしようもないことは考えるのをやめ、この大きな時の流れに身をまかせて、自然に生きていけば、こころの病は消えていきます。

つらい過去の出来事を考えることをやめ、日々の暮らしに感謝することで立ち直った、一人の女性からのメールです。


私は、高校生の時、部活帰りに知らない人にレイプされてから、外に出るのが怖くなりました。人を信じられなくなりました。

なぜ、私がこんな目にあうのか。親に八つ当たり、泣いて、泣いて。どこかにあいつがいるんじゃないかと、ビクビクしながら登校し、この町から消えたいとだけ考えていました。

精神科やカウンセラーの話など聞く気にもなれず、安定剤だけをもらい、睡眠薬を飲んで寝て、記憶が飛んで、また思い出しては泣くという毎日を過ごしていました。学校にも行かず、すべてをそのせいにして「自分なんか」って思っていた。こころがひねくれていました。

そんな時、母が「水谷先生の講演会に行こう」といって、私を外へ連れ出してくれました。くだらないと思いながら行ったのを覚えています。

講演会で先生は「この中に未成年の子は何人いるか、手を挙げて」といいました。私は手を挙げました。「今日来てくれている子は、みんないい子だ。いい子に決まっている。いい子しかいないだろう。だって、こんなはげた中年の親父の話を聞きに来てくれたんだから」っていってくれたのです。私は、あの時の言葉を今でも忘れることができません。

先生を頼りにしている子どもたちは、日本中に数えきれないほどいます。講演会で、アイちゃんやマサフミくんの話を聞いていて、自分の悩みなんか小さいことに気づきました。なんて愚《おろ》かで甘えた考えをしていたのだろうと、恥ずかしくなりました。

レイプされたからって、私は今生きている。私の親は助けに来てくれた時、涙一つ見せずに抱きしめてくれて、下着を取り替え、病院に連れて行ってくれました。警察に行き、助けを求めた家に挨拶に行き、精神科にも連れて行ってくれました。「学校に行かなくてもいいよ」っていって、そばにいてくれました。

そして、私を水谷先生に会わせてくれました。

私はあの日、どんな薬よりもどんなカウンセラーよりも、先生の言葉に救われました。そのままでいいんだよって、先生がいってくれた気がしたから勇気が出た。本当にありがとうございました。

そして、昨日の講演会は、何ヵ月も前から楽しみにしていました。

また、水谷先生が来る。先生に会えるんだって。

ロビーで母を待っていたら、先生が近づいて来て、「入場券がないのかい」って、私と友だちに声をかけてくれました。

また先生に会えて、うれしかった。サインもうれしかった。本当にうれしかった。生きているから、先生に会えたんだ。あの時と同じように力強い話し方、変わらないですね。

先生、聞いてください。

私は今、親のコンビニで毎日働いています。コンビニの仕事は最高です。お客様に「ありがとうございました」ってこころからいえるし、お客様からも「ありがとう」っていわれるとすごくうれしい。
私はもう二四歳です。先生に頼っていた子どもから大人になりました。今度は私が、周りのたくさんの人に幸せを配れるように生きていきます。

最初の一歩

今夜は、今の自分、そのままの自分に、「いいんだよ」といってから、眠りにつこう。

11

言葉を捨てよう

私は、今多くの人が、言葉のいい加減さと恐ろしさを、きちんと理解していないと感じています。その原因は、携帯電話やネット、メールやラインなどによって、直接相手の顔を見ずに、コミュニケーションを取ることが広がったせいだと考えています。

相手と顔を直接合わせるコミュニケーションでは、当然のことながら相手に気をつかい、一つひとつの言葉を選びながら、相手を傷つけないように配慮していきます。

その一方で、相手と直接向き合う必要がない、道具を使ったコミュニケーションでは、どうしても、軽い言葉を無責任に投げかけることが多くなってしまいます。その結果、相手から誤解されたり、相手や自分のこころを傷つけてしまいます。

みなさんは、そんな経験がありませんか。きっとあると思います。私は、そのことに恐れを感じています。

今、私たちの周りを日々、刻々、数え切れないほどたくさんの言葉が行き交っています。テレビでもネットでも、携帯電話でもメールでも、ラインでも言葉が氾濫《はんらん》しています。

でも、この言葉は、じつはいい加減なものです。言葉で、きちんと自分の考えや思いを表現し、伝えることは、非常に難しいことです。だからこそ、私たち物書きは、一つひとつの言葉を選びながら、その行間にまで思いを込めて、一つの文章を書き上げていきます。それでも、完璧に思いを書き切ることは、まずは不可能です。

確かに、私たちにとって、言葉はとても便利な道具です。

でも、限界を持った道具に過ぎません。それを忘れてはいけないのです。

あなたはいつも責任を持って、その時々に言葉を選び、話していますか。

まず間違いなく、ほとんどすべての人は、その時々の思いや考えを、ただひたすら言葉に託して投げかけているのではないでしょうか。そして、人を傷つけてしまう。自分も傷つく。哀しいことです。

みなさんに聞きます。

「愛」とはどんなものでしょうか。「愛してる」と一〇〇回いわれることが、一〇〇回メールをもらうことが「愛」でしょうか。

私は、そうは思いません。「愛」は、言葉の中にはありません。二人の人間が互いを必要とし、いたわり合い、優しさを配り合い、大切にし合い、生き抜いていく時、振り返ったら見えてくるものが「愛」です。「愛」は語るものではなく生きるものです。

また、言葉は、その人の人生そのものでもあります。

長年生きてきた人は、知っている言葉の数も多いですし、その意味も深くなります。親子の間でも同じです。子どもは親よりはるかに少ない言葉しか知りませんし、その意味についても不完全にしか知りません。

でも、多くの親たちはわが子に言葉を乱発して、しつけや教育をしています。自分の発した言葉の何割をわが子は理解できているのか、その意味や内容をどのくらいきちんと理解できているのかを考えることなしに。そして、自分の発した言葉はすべて理解できていると勝手に思い込み、子どもがいうことを聞かないと叱りつけます。これは暴力です。

子どもたちにとって、「愛してる」「大好き」の言葉より、抱きしめてもらうほうがずっと親の愛や優しさをこころで理解できます。何か悪いことをした時でも、「何でこんなことをしたの！」「悪い子だ。反省しなさい！」の言葉より、親の目に光る涙や哀しい表情のほうが、ずっとこころに響きます。

また、言葉は恐ろしい道具でもあります。それを語った人や書いた人にその責任を求めます。

たとえば、「哀しい」と話す人や書く人には、哀しみをもたらします。「憎い」「嫌い」などの醜《みにく》い言葉を使えば、その人のこころは醜く染まっていきます。「死にたい」とメールに書く人や電話で訴える人には、その責任を取って死ぬことを求めてきます。このことに気づいていない人が多過ぎます。言葉は、危険な道具なのです。

みなさんにお願いがあります。

週に一日でよいので、言葉を捨てた日をつくりませんか。携帯電話やコンピューターの電源を切り、家族の中で言葉を捨て、お互いの思いを行動にして生きる日をつくりませんか。きっとそこから互いの深い理解が生まれ、新しい家族関係が築けます。

ある少女のことを書きます。彼女は母子家庭で育ちましたが、お母さんは夜の仕事をしていました。小さい頃から、夜は一人で過ごしていました。中学校でいじめにあい、リストカットを繰り返し、心配したお母さんが私に相談して来ました。このお母さんは、本当に素晴らしい母親でした。子どもを叱ったことがありません。母親の愛が少女を救いました。私は学校の校長先生と話し、いじめを解決しました。

そんな彼女も高校三年生になり、楽しい未来を語ってくれるメールが届きました。

水谷先生へ。

三年前まで、本当に死にたいと思いながらリスカを繰り返していた私ですが、おこづかいくらい自分で稼《かせ》ごうと思い、半年前からコンビニで働いています。店長さんにも、ベテランの先輩おばちゃんにも、「よく働くね」って褒めてもらってます。大学進学のためにもう少ししたらバイトを辞めて、勉強に専念します。

私は普通になりたくてずっと頑張ってきました。からだに傷さえなければ、どこにでもいる普通の女の子です。

けど、普通に朝起きられて、普通に学校に行けて、夜眠ることができるようになった今、「普通じゃ物足りないなぁ」と思うようになってきました。人間って不思議ですね。

そこで、五年続けているギターと歌を生かして、コーラスに参加し、ゴスペルも習い、場所があれば一人でステージに立ち、弾《ひ》き語りをしています。

以前の私を知っている人は、「頑張り過ぎ」といいますが、私は楽しくて仕方がありません。明日はバイトだ、そのあと学校で勉強するぞ。明日はゴスペルだから、今日練習しよう。明日はステージだから、今夜はリラックスして早めに寝よう。明日がいっぱい見えるから、今日の生き方も見えてきます。

時々思います。あんなに死にたいと思っていた私に、こんな未来があるなんて思ってもいなかった。それはお母さんもいいます。私は周りの人のおかげ、特に、叱られたことのない、いつも優しいお母さんのおかげだと思っています。だから、感謝の気持ちを持って接しています。

つらいこともあります。いやになる時だって、いっぱいあります。けど、それ以上に今の私には、楽しい未来がいっぱい待っています。もう自分を傷つけることはないと思います。

私の学校の後輩たちにも、腕にリスカの傷がある子がたくさんいます。私が無事に卒業することで、その子たちに、生きていれば楽しい未来が待ってるっていう証拠を見せたいです。

最初の一歩

週に一日、携帯電話やコンピューターの電源を切り、言葉を使わない日をつくろう。

12

死を教えよう

今、死について、きちんと理解していない子どもたちが増えています。ゲームのように、死んでしまっても、リセットすれば、生き返ると考える子どもたちもいます。

また、生きとし生けるものの哀しい宿命である死というものを、別な世界への出口、逃げ場と考え、死を自ら求める子どもたちもいます。

哀しいことに、いとも簡単に、人のいのちを奪う子どもたちもいます。

この背景には、今、多くの親たちが、子どもたちにきちんと死を見せていないことがあると思います。核家族化が広がっている現在、祖父母とともに暮らす子どもたちが少ないのは事実です。たとえば、祖父母が亡くなっても、学校や塾を優先して、葬儀には親だけが参列することも多いでしょう。

また、一部の親は、死に関することを子どもに見せることは残酷だと考え、子どもたちから隠そうとしています。しかし、本当にこれでいいのでしょうか。

自分をかわいがってくれた祖父や祖母が亡くなり、からだがどんどん冷たくなっていく。その周りで、多くの人たちが、亡くなった人との思い出を語りながら哀しむ。火葬場ではみんなで見送り、戻って来た小さな真っ白なお骨を拾う。私たちはこの体験の中で死に対する恐れを学び、そして、今生きていることの素晴らしさを知ったのではないでしょうか。

私は子どもの頃、祖父母に育ててもらいました。五歳の時、祖母の母が亡くなりました。その時のことは、今も覚えています。私は祖母の手伝いをさせられました。祖母と二人でご遺体を清め、死者に経帷《きょうかた》子《びら》という着物を着せました。火葬場では祖母とともにお骨を拾いました。しかし、その日から、私は死が恐ろしくなりました。毎晩のように祖母の横に潜《もぐ》り込んで寝ていました。当時の私は、祖母を恨みました「何でこんなことを、自分にさせたのか」と。

でも、今は感謝しています。私は、あの経験で、死の恐ろしさを知りました。消えていくことの哀しさを知りました。そして、生きていることの素晴らしさ、いのちの大切さを学びました。

今多くの大人たちが、死を語ることをやめています。それどころか、死について、考えることから逃げています。

その気持ちはわかります。自分という存在が、この世界から永遠に消えてしまうことは、誰にとっても語りたくない、考えたくないことです。

でも、死は必ずやって来ます。いくら逃げ続けても、老いれば、あるいは重い病になれば、日々近づいてくる死の足音に怯《おび》えながら過ごさなくてはなりません。

死は逃れることができませんが、その死が訪れるまで、日々をどう生きるかは、私たち自身が自ら選ぶことができます。死があるからこそ、今を大切にし、実りある日々を過ごすことが大切になるのです。

私は、死は親が子どもに必ず教えなくてはならないことの一つだと考えています。かわいがっていたペットの死でもいい。親戚の人の死でもいい、必ずその死にきちんと向き合わせること。そして、親自らが死について語ることが、子どもたちの明日の幸せにつながります。死は、私たちが絶対に逃れることのできない、宿命なのですから。

みなさんにお願いがあります。

今夜寝る時、白い布を用意してください。ハンカチでもいいです。そして、布団に横になったら、亡くなった人がされているように、白い布を顔の上にかけてください。胸の上で手を組み、自分がこの世界からいなくなったことを考えてみてください。つまり、死んでしまった時のことを。

君という存在がこの世界から去れば、まずは、多くの周りの人たちが哀しみます。でも、それも一時で、時が経つにつれて忘れられていきます。

これは哀しくないですか。それでも、自らいのちを絶つことができますか。

ＯＤ（オーバードーズ・薬の大量摂取）と自殺未遂という、死への願望との戦いの中で、兄弟がそれぞれ自分の生きる道をようやく探し出してくれました。

メールを紹介します。


ご多忙な中、お返事をいただき、本当にありがとうございました。

兄に先生のメールを伝えたところ、「第二の人生で頑張ります！」との伝言を預かりました。「先生に会いたいな〜！」なんていい、少し元気な様子の兄を久しぶりに見られました。

兄は過去にＯＤを繰り返し、病院に二〇回近く搬送されています。措置入院も経験があります。

そして、今回の投身自殺未遂です。終わりなき戦いでした。

兄の自殺未遂は、ある組織の人間から一人の後輩を守ったことが、原因でした。後輩の身代わりになり暴行を受け、相手は検挙されたのですが、脅迫され、被害届の取り下げを強要されました。組織による圧力に負け、兄はうつ病になり、投身自殺をはかりましたが、一命を取りとめ、今に至ります。

お恥ずかしい話ながら、字も読めなかった兄でした。私が先生の本を渡したら、「ふざけんな！」といわれました。それでも先生のことを知ってほしくて、漢字にふりがなをつけ、兄に読ませました。その兄が先生の本を読んで影響を受けたことは、とても素晴らしいことだと思います。一人の後輩のために自分を犠牲《ぎせい》にできる兄、正義感を貫き通した兄を、少し見直しましたね。

現在は退院し、頭部外傷で車椅子の生活ですが、毎日リハビリに励んでいます。かつて暴走族の一員として、社会不適合者のような生活をしていた私は、たくさんの人を傷つけてきました。水谷先生を知って、その分、これから先ずっと、償《つぐな》っていかなければならないと思うようになりました。

大きなことや偉そうなことはいえませんが、世の中を安全で明るくし、子どもたちの未来を守るのは、私たち大人の仕事です。

非行少年、非行少女は現在もたくさんいます。その子たちに大人の自分が教えられることがあれば、全力を尽すつもりです。

水谷先生は、私たち兄弟の恩師です。

最初の一歩

今夜、顔に白い布をかけて、そっと自分がいなくなった時のことを想像してみよう。

13

いのちの尊さを学ぼう

日本中から届く「死にたい」「消えたい」というメール。私は、その一つひとつに「生きていてください」と、必死で返事をし続けています。

私たち人間は、いや地上のすべての生きとし生けるものは、時代や環境はもちろんのこと、親を選ぶこともできず、自分の意思に関係なく、この世に誕生させられます。そして、何とか生き続け、いずれは、死を迎えます。

これは、生きとし生けるものの宿命です。動物も昆虫も、花も木も、この世界に生まれてきた以上は、死を迎えるその日まで、嵐の風雨に耐え、灼熱の太陽に耐え、厳しい寒さに耐えて生き続けます。疑問を感じず文句もいわず、その生をまっとうしていきます。

でも、その中で、人間だけが自らいのちを絶つことができます。

私は一五年前に、自らを傷つけ、死に向かう子どもたちの存在に気づきました。

そして、一二年前に、メールと電話による相談を受け始めました。

以来、四〇万人を超える子どもたちや若者たちと触れ合ってきました。「一人の子も死なせない」そのつもりで、一人ひとりと必死にかかわってきました。

しかし、一つのいのちを失うたびに、「こうすればよかった。こうしなくてはならなかった」と後悔の連続でした。何度この戦いをやめようと思ったかしれません。

それでも、戦い続けて来られたのは、かかわった子どもたちや若者たちのほとんどが笑顔になり、昼の世界に戻ってくれたからです。彼らから届く「ありがとう」のひとことが私の戦いの原動力でした。

しかし、先日、三年にわたってかかわり続けてきた一人の少女が、自らいのちを絶ちました。少女から届く「死にたい」「助けて」のメールに、私は力を振り絞り返事をし続けました。

その晩の私には、無力感しかありませんでした。「こんなことを続けていてどうなるのか。たった一つのいのちを救うこともできないのに。もうやめよう」私のこころはそう叫んでいました。

そんな時に届いた一通のメールを紹介します。

私は、ずっと死にたかったです。死にたい、消えたいしか考えなかった日々。でも今は死ぬのが怖くて、生きていることに感謝しています。

水谷先生からメールをもらって涙が止まらなかったです。

先生と初めて電話で話した時の先生の言葉、忘れられません。「雲の向こうは、いつも晴れ。やまない雨はない。今が苦しくても、素晴らしい明日は来ます。生きてさえいれば」

私は結婚し、子どもを生んで、いのちの大切さを身をもって知りました。生きている幸せを実感し、深い愛情にも気づかされました。まだ子どもは小さいですが、子どもには自分と同じようになってほしくないって思うようになり、親もきっとそうだったんだなとわかりました。

私、生きていて、生まれて来て本当によかったです。先生ありがとう。

死が訪れるその日まで、人間は生き続けなくてはならないのです。どんなにつらくても苦しくても。いのちを大切にして生きていれば、幸せは必ず来ます。

東日本大震災の年に届いたうれしいメールを紹介します。

高一女子です。中高一貫校に通っていて中三の時に、自傷やODのことで先生に何度かメールしました。

今日は、先生に伝えたいことがあります。返信しなくてもかまわないので、どうか読んでください。

あれから、私は変わることができました。学校も毎日行っています。

きっかけは、東北の大震災です。それまでずっと、「いつか死ぬのに、どうして、今死んではいけないのか」と思っていました。こんな私が生きるために犠牲になっている人がいるなら、私なんか、死んだほうがいいのではないかと考えたのです。

サイトで出会った友だち二人が自殺してしまい、私も自殺未遂を何度かしました。

そんな中、三月一一日に大震災が起きました。

テレビに映った悲惨過ぎる映像を見て、「助けに行きたい！」と強く思いました。その時に何かが吹っ切れたんです。たぶん、「生きる意味なんてわからない。でも、どうせ生きているのなら有意義な時間は多いほうがいいし、人のために生きる喜びを知ったほうがいい」これが答えです。

ゴールデンウィークに福島のいわき市に行くことができました。「元気をあげよう」と思って行ったのですが、逆に、元気をもらって帰って来ました。

この世界では戦争や地球温暖化などいろいろな問題が起きています。だから、「こんな世界、もうだめだ」って思っていました。でも、震災で学びました。「助け合いの気持ちで、人は結ばれる。そして、その力が集まれば、きっと世界は変われる」と。

今もまだ、自傷から完全に離れられたわけではありませんし，自分のことは大嫌いですが、前の私とは違う気がします。

本屋さんに行ったら、先生の本『夜回り先生　いのちの授業』があって、とてもうれしかったです。もちろん読みました。いのちの大切さ、そして、私たち子どもに希望が託されているということもわかりました。

水谷先生、ありがとうございました。だから、一歩前進できたことを伝えることにしました。

先生、お元気でいてください。いつか会いたいです。読んでくださって、ありがとうございました。

最初の一歩

朝三分、耳を塞《ふさ》いできれいなものを探そう。

夜三分、目を閉じて美しい音を探そう。

14

生きることの大切さを知ろう

私のもとには、日本各地の子どもたちや若者たちから、「死にたい」と書かれたメールが数限りなく届きます。

この子どもたちや若者たちのほとんどは、今の苦しみやつらさから逃げ出そうとしています。

人生経験の少ない子どもや若者は、つらいことや哀しいことがあった時、そこから逃れる手段として、この世界から離れること、つまり死しか思いつかないのです。本当なら、周りの誰かに相談すれば、必ず解決の方法があるにもかかわらずです。

そんな子どもたちや若者たちに、私が必ず語ることがあります。それは、死は解決法ではないし、死んでも何も解決しないということです。

死は、これからさまざまな幸せや出会いが待っている明日の君を、君自身が殺してしまうことであり、絶対にしてはいけないことです。自ら死を選ぶ勇気があるならば、生きて、私とともに戦おうと伝えています。

今、君は生きています。だから、いろいろなことができる。

でも、死んでしまえば、無限の時が君なしに過ぎて行くだけです。日々を実りある毎日にすることが、生きている者の大事な役目ともいえるのです。今を生きていることの大切さにつながります。

四年前にかかわった女性からのメールを紹介します。

彼女は父親から受けた性的虐待でこころを病み、ＯＤで自殺未遂を繰り返し、病院に搬送されたり、リストカットをして、自分を追い込んでいました。自分は汚れた人間で生きている資格はないと、自分を責め続け、最後の解決方法として死を考えていました。

そんな時、私に助けを求めて来ました。

私と知り合う中で、彼女は生きる道を選びました。父親と戦い、学校の先生方や警察、児童相談所の人たちの助けを借りて、今を幸せに生きています。

水谷先生、ありがとうございました。

私には支えてくれる人たちがいました。そして、水谷先生と先生の本が、私を支えてくれました。

私は今、生きています。もう精神科にも通っていません、自分の意思で通院をやめ、薬にも頼っていません。

私はずっと「自分は汚れていて、生きる価値のない人間だ」と思ってきました。

でも今は、違うと堂々といえます。

「私は汚れてなんかない‼　私は生きる価値のある人間だ‼」ですよね。

生きていていけない人なんていませんよね。そう思えるようになれたのも、水谷先生のおかげです。

あの時、死ななくてよかったと、本当に思います。生きていて、よかった。

水谷先生、私に生を選ばせてくれて、ありがとうございました。どうしてもお礼をいいたくて。

私に今の幸せをくれて、ありがとうございました。

最初の一歩

朝、鏡を見ながら、
「私は生きる価値のある人間だ!!」と声に出していってみよう。

15

こころに栄養を与えよう

夜の町を回って出会う子どもたちや若者たちと話しても、大学で教えている若者たちと話しても、感じることがあります。

それは、三〇年以上にわたり教員として、子どもたちや若者たちと触れ合ってきた、私の経験を振り返っても感じることですが、子どもたちや若者たちのこころがどんどん弱くなっているということです。

自分の考えを持たず、つねに周りに流される子どもたち。深くものを考えることができず、その時々の思いつきだけで行動する若者たち。ちょっとしたことでこころに傷を受け、こころを閉ざしてしまう子どもたちや若者たち。

その一方で、相手への思いやりのこころを持たず、すぐにキレる子どもたちや若者たち。なかには、その行為がどれだけ人を哀しませ、自分のこれからの人生に大きな影響を及ぼすかを考えず、いとも簡単に、罪を犯してしまう若者たちもいます。私は、これらの若者たちに、いつもこころの弱さを感じてきました。

このことは、大人たちに対しても同様に感じています。どうして、こうなってしまったのでしょうか。

これは、子どもたちや若者たち、大人たちも、きちんとこころに栄養を与えていないからだと考えています。

どうぞ、周りを見渡してください。あなた自身を振り返ってみてください。勉強している時間や働いている時間、寝ている時間を除いた、自分の自由になる時間、いわゆる、余暇の時間をどう過ごしていますか。たぶん、ほとんどの子どもたちや若者たち、大人たちも、テレビを見ているか、ネットをしているか、携帯電話でラインやメールをしたり、ゲームをしているかでしょう。これでこころが育つのでしょうか。

私たちは毎日、大切なからだに栄養を与えています。三度の食事や水分の補給などで、からだがきちんと動ける状態を保っています。子ども時代はからだを健全に成長させ、大人になってからはからだの健康を維持しています。

もし、成長期の子ども時代に栄養をきちんと摂れなかったら、どうなるでしょう。その子どものからだに、生涯を通じて影響を与えるような障がいを残してしまう可能性があります。

　また、私たちが、日々からだにきちんと栄養を与えることをやめてしまったら、どうなるのでしょう。病気になり、状況によっては死に至ることもあるかもしれません。

　私は、こころもからだと同じだと考えます。きちんと栄養を与えなければ、病んだり壊れてしまいます。今、多くの人たちが、特に子どもたちや若者たちが、自分のこころに十分な栄養を与えていないと感じています。

　それでは、こころの栄養とは何でしょう。

　私は感動することだと考えています。

　自然の中で、朝日や夕日の美しさに、こころを震わせること。きれいな花や小鳥の鳴き声に、こころを輝かせること。素晴らしい本や音楽で、こころを豊かにすること。素晴らしい人との出会いに、こころをときめかせること。ここに、私たちのこころにとって大切な栄養があると考えています。

　また、私は涙を流すことの中にも、こころの大切な栄養が存在していると考えています。大切な人を失った時、あるいは、あまりに哀しい事件を新聞やテレビで知り、その中で流す涙はこころを美しくしてくれます。

今、多くの人たちがこの感動のこころを失ってしまっています。何となく一日を過ごし、周りにどんな美しいものや素晴らしいものがあっても、それをきちんと見ようとせず、ただ、ダラダラと生きています。

その一方で、その時々の喜び、哀しみには敏感で、楽なことや楽しいことだけを求め続けています。

ぜひ、明日から、たくさんのこころの栄養を探してみましょう。

自然の中に美しいものを探し、図書館や本屋の書棚の中にいい本との出会いを求め、たくさんの栄養をこころにあげましょう。

たくさんの出会いをつくりましょう。そして、いろいろな考え方を持った人たちと世界のことや政治、経済、人生などについて真剣に話し合ってみましょう。一人の素晴らしい人との出会いは、出会った人の人生や生き方を変えます。

これが、みなさんのこころを強くしていきます。そんな素晴らしいこころの栄養となる出会いを求めてください。

一冊の本との出会いが少女の目標をつくりました。そのメールを紹介します。


お返事くださり、ありがとうございます。

でも、ごめんなさい。私は水谷先生に助けてほしいというわけではありません。少しでも心配をしていただいていたら、申し訳ないなって思っています。ただ伝えたいことがあって、メールさせていただきました。

この間、図書館で勉強していた時に、水谷先生の『夜回り先生 こころの授業』が何となく目に入り、読んでみようかなと思いました。読みながら何度も、何度も泣きました。言葉にできないたくさんの思いが湧《わ》き出てきました。たくさん考えました。

それから私は、市内で一番大きな図書館に行って、水谷先生の本を全部借りようと思いました。残念ながら一度に借りられるのが一〇冊なので、まだ全部は読めていませんが、今も時間がある限り先生の本を読んでいます。

私は今、高校三年生です。先生の本を読んで、私と同じくらいの子どもや年下のたくさんの子どもたちが苦しんでいることを知って、とてもこころが痛くなりました。

私の周りに、そういった環境がなかったというのもありますが、「自分は何にも知らないで、のうのうと生きてるんだなあ」って思いました。それと同時に、水谷先生の活動、本当にすごいなあって思いました。本の中の先生の言葉の温かさにこころが救われました。考え方、本当にその通りだなあと思いました。

そして、私も水谷先生のようになりたいと思いました。軽い思いつきではありません。

私は大学に進学して心理学を学び、大学院を出て臨床心理士になりたいと思っています！　臨床心理士といっても働く場が広くあって、臨床心理士になってどうしたいのかを考えていたところでした。

先生の本を読んで、教育機関で働きたいと思いました。先生が助けているようなこころの病気になってしまった子どもたちや、薬物に手を出してしまった子どもたちなど、多くの苦しんでいる子どもたちを救いたいのです。

まだ子どもの私が、「子どもたちを救いたい」とかいって、自分でも何だか複雑な感じですが、すべては先生の本と出会ったおかげです。

私の人生に目標をつくってくれて、本当にありがとうございました。

この先、私の人生はまだどうなるかわからないけれど、今の思いに嘘はありません。私も水谷先生のように子どもたちと向き合い、子どもたちを救います。これが、伝えたかったことです。

読んでくださってありがとうございました。返信いただかなくても大丈夫です。むしろ、今も助けを求めているたくさんの人たちにお返事をしてください。

いつか絶対に先生の講演会に行きます。

最初の一歩

眠る前に、今日感動したこと（きれいな景色や読んだ本、こころに残った言葉など）を三つ以上いってみよう。

16

生きる力を育てよう

先生方や保護者の方々に聞きます。

自分のクラスの生徒や自分の大切なわが子が、いじめにあう可能性のある子どもかどうかを、きちんと見極めることができますか。たぶん、ほとんどの先生や保護者は、そんなことができるわけがないと答えるでしょう。

でも、それは、間違っています。私は、いじめられる可能性のある子どもを、教員としても、保護者としても、見極めることができます。

みなさんもご存じの通り、私たちのからだには免疫力や抵抗力が備わっています。風邪やインフルエンザのウイルスなど、さまざまな細菌にさらされても、健康であれば、意識しなくてもそれらのウイルスや細菌の侵入を防げます。

そのためには、きちんと栄養を摂り、規則正しい生活をし、日々を楽しく過ごすことが大事です。

また、もしもウイルスや細菌が侵入しても、からだの中では免疫力や抵抗力がいち早く働き、これらを滅ぼそうと戦ってくれます。

ところが、栄養の偏《かたよ》った食事や不規則な生活を続けていると、からだの免疫力や抵抗力は低下します。そして、ウイルスや細菌がからだの中の戦いに勝利をおさめ、私たちは病気になってしまいます。

この免疫力や抵抗力は、私たちのからだだけにあるわけではありません。私たちのこころにも免疫力や抵抗力はあります。何か問題を抱えると、こころは外からのさまざまな攻撃を受けることになります。こころの免疫力や抵抗力がきちんと働いてくれれば、攻撃をかわすことができます。

でも、多くのいじめ問題のように、こころの免疫力や抵抗力が弱まってしまうと攻撃をかわすことができず、いじめを受けることになってしまうからだの免疫力や抵抗力と、こころの免疫力や抵抗力は、それぞれが関係のない別なものではありません。一つのものです。

からだの調子が悪かったり、病気になってしまったら、暗いことばかりを考えるようになり、こころの免疫力や抵抗力も低下しますから、こころも病んでいきます。逆に、いじめやさまざまな問題で苦しみ、こころが追いつめられれば、からだの免疫力や抵抗力も低下しますから、からだも病んでいきます。

私は、このからだとこころの免疫力や抵抗力を、「生きる力」と呼んでいます。子どもたちの「生きる力」の状態がわかれば、いじめられる可能性のある子どもを見分けることができます。

私は教員時代、始業式のあと、初めて担任するクラスの子どもたちと教室で自己紹介をする時、必ず一人ひとりの生徒と握手をしました。それも力を入れて。この握手に力強く応えてくれる生徒は、「生きる力」の強い生徒です。

また、生徒たちの自己紹介では、自分の名前を大声でいってもらいました。大声を出せず、小さい声でボソボソ答える生徒は、「生きる力」の弱い生徒です。

このようにして、「生きる力」の弱い生徒を見つけました。次に、その生徒のそばにいて、かかわりを絶やさず、いじめの防止や早期発見と対処に努めました。確かに「生きる力」の弱い子どもでも、それを補ってくれたり守ってくれる人がいれば、幸せに生きることはできます。

しかし、「生きる力」の強い子どもは、自らが幸せになるだけではなく、周りの他の人たちも幸せにしてくれます。

それでは、この「生きる力」を、どのようにしたら育てることができるのでしょう。その鍵は、子どもの自己肯定感、つまり自信と、愛されていることの自覚にあります。自分に自信のある子どもは、少しぐらい仲間から傷つけられても、それを振り払う強さを持っています。

また、親から愛されている自覚のある子どもは、いじめられても親や先生に相談できますし、夜の世界からの遊びの誘惑や薬物などの誘いも拒否できます。

今日、子どもたちが帰って来たら、ぜひ、二つのテストをしてみてください。

一つは「お帰り」と大声で叫び、私がしたように、強く握手をすること。「ただいま」と大きな声で返事をし、手を強く握り返してくれれば、いじめにあっていない証拠です。「生きる力」が満ちています。

もう一つのテストは、次の休日です。グラウンドや公園に家族そろって出かけ、みんなで全速力で走り回ってください。それができれば、大丈夫でしょう。

みなさんは、子どもを褒めた数と叱った数、どちらが多いですか。

たぶんほとんどの人は、「叱った数」と答えるでしょう。

私はそこに、親や大人の傲慢《ごうまん》さと浅はかさを見ます。なぜ叱るのかといったら、「子どもは自分のいいところはすでに知っているはず。だから、悪いところを叱って直して、いい子に育てる」と考えているからです。

でも、これは間違えています。

もし、子どもが自分のいいところを知らなかったら、自信がなかったら、日々叱られ続ければ、もっともっと落ち込んでいきます。これが、今の子どもたちが抱えている多くの問題の原因だと考えています。

日本には、「子どもは、一〇褒めて一叱れ」という素晴らしい格言があります。子どもたち自身の持っているいい部分をきちんと認めてあげて、そのうえで注意する。素晴らしい教育法です。これを今、親や先生、大人たちが忘れています。

みなさんにお願いです。

子どもたちにたくさんの優しい言葉をかけてあげてください。子どもたちのいいところをいっぱい褒めてあげてください。それが「生きる力」を育てます。生きる力の大切さに気づき、わが子の成長をゆっくりでも温かく見守ることを決意したお母さんからのメールです。

水谷先生、お返事をありがとうございました。

私も大学時代、哲学を専攻していました。私の先生は、坂口ふみ先生という女性でした。ドイツに留学して、その後、ミュンヘンで教えてもいらしたとのこと。日本には船で帰国されたそうですが、その時、イエズス会から日本に派遣された若いイエズス会士、クラウス・リーゼンフーバー先生と船が同じだったそうです。

坂口先生や大学の神父様方のすすめもあり、私は自分の洗礼準備のため、リーゼンフーバー神父様の講座で一年間みっちり学び、たくさんのことを教えていただきました。水谷先生もリーゼンフーバー神父様のお弟子さんとのこと、何だかとてもうれしいです。

私は卵巣に検査結果がいつもグレーゾーンになってしまう腫瘍《しゅよう》があり、卵巣を取り除く手術を受けました。当時の私は自分の健康状態がとても不安なうえ、五歳の娘が一人っ子になってしまい甘やかされないだろうかと心配ばかりしていました。

私はとてもブサイクで、小中学生の時はクラスのみんなから「キモイ、キモイ」といわれ、いつも笑われていました。そのせいで、人から笑われないようにと、頑張ってしまうところがあります。

外見の美しさだけでなく、健康面でも自信を失ってしまい、からだもとてもつらかったです。そのうえ、イギリス在住のため、娘をバイリンガルにしないといけないとか、ちゃんとした子に育てないといけないとばっかり考えていて、いつの間にか、厳しくて意地悪な育て方をしてしまいました。顔を見れば叱るばかりで、褒めて育てることの大切さを忘れてしまっていたのです。

でも、最近、少し元気になってきたので、住んでいる田舎《いなか》町のすぐ近くの農場で働き始めました。日本企業のオフィスやスーパーでパートの仕事を探しましたが、どこにも雇《やと》われず、落ち込んでいましたが、農場で雇ってもらえたんです。体力的にはきついですが、忙しくて他の人と話す暇もなく、無心になれます。

そして、農場できれいな花を見たり、イチゴをたくさん収穫したりしているうちに、大事なことに気づきました。娘が日本語と英語で「ありがとう」がいえることよりも、「ありがとう」っていう気持ちが持てる子になってくれたら、それでいいのではないか。もっとゆっくり、娘を温かく見守っていこうと思えるようになりました。

娘は一人っ子ですから、子育ての経験は増えないと思います。でも大切に育てます。

先生のご健康のこと、たくさんお祈りしています。

最初の一歩

家族で「ただいま」「お帰り」と大声で挨拶をかわし、強い力で握手をしよう。

17

感情をきちんと外に出そう

私は、このところ、その時その時の自分の感情、すなわち、喜怒哀楽をきちんと外に出すことができない人が増えていると感じています。大人たちはもちろんですが、若者たちや子どもたちもです。

その時々の哀しみやつらさをこころに溜め込み、外に対して暴力や暴言などで爆発してしまう人がいます。

逆に、自分の中に哀しみやつらさを溜め込み過ぎ、許容量を超えてしまい、こころを病んでしまったり、リストカットなどの自傷に走る人もいます。ついには、自らいのちを絶ってしまうことすら起きています。

こころは、非常に弱いものです。風船と同じで、溜め込み過ぎれば、破裂してしまいます。ガラスと同じで、ちょっとしたことで傷つき、壊れてしまいます。

みなさんは、どうですか。

日々、喜怒哀楽をきちんと外に出すことができていますか。

喜びや楽しさを言葉だけでなく、笑顔やからだの動きで周りに示していますか。

いやなことがあった時はきちんと怒り、哀しい時はきちんと泣いていますか。うれしい時や楽しい時は、きちんと笑顔で表現していますか。

まずはできていないはずです。

でもじつは、この喜怒哀楽をきちんと表現することを、私たちは生まれながらに知っていて、自然と身につけています。

赤ちゃんを見てください。小さな子どもを見てください。彼らは、とても上手に、時にわがままに、その時々の感情をストレートに表現しています。そうやって、自分の小さなこころに感情を溜め込まず、発散しています。

ところが、大人になるにつれ、日本人はこれができなくなってしまいます。

日本では、歴史的に、自分の感情をストレートに外に出すことを恥《はじ》とし、どんなにつらくても哀しくても、耐えること、我慢すること、また、どんなにうれしくても楽しくても、それを見せないことが美徳とされてきました。

そのせいもあって、日本人は感情をきちんと表現することが苦手ですし、下手《へた》です。

しかし、これはこころのストレスとなります。急に感情的になって爆発してしまったり、こころを壊し病む大きな原因になっていると、私は考えています。

私のところに相談に来る子どもたちや若者たちに共通するのは、自分の哀しみや苦しみをうまく外に出したり、相談することができず、一人で抱え込み、そして、追い込まれていることです。いじめで苦しんでいても、親に話したら、迷惑をかけるからと抱え込み、さらに追いつめられ、死へと向かってしまう。虐待で苦しんでいても、自分が悪いから親から虐待されるんだと我慢し、死へと向かってしまう。問題を抱え込まず、周りにいる一人でも多くの大人たちや仲間たちに訴えれば助けは来るのに、それができない。哀しいことです。

大人も、若者も子どもも、きちんと自分の感情を外に出してみませんか。まず、喜びや楽しみは、ストレートに笑顔や声で、家族や周りの人に伝えてみませんか。

会社や学校でいいことがあったら、満面の笑顔で家に帰り、すぐにその楽しかったことやうれしかったことを、みんなに伝えるのです。いやなことがあって怒っている時や哀しみにつぶされそうになっている時も、大声ではなく小さな声で、その怒りや哀しみを周りの人に伝えましょう。ネットや携帯電話、メールやラインではなく、直接伝えることが大事です。

きっと、それを受け止めてくれる人がいます。それがこころの怒りや哀しみを軽くしてくれます。

悩みを聞いてもらったことによって、とらわれていた過去を捨て去ることができた少女のメールです。

水谷先生、こんばんは。二回目のメールです。

高校に入学して、またいじめられるんじゃないかって不安でしたけど、そんなことありませんでした。クラスの友だちともうまくいっています。部活は茶道部に入りました。作法を覚えるのは大変だけど、毎日おいしいお茶が飲めるんですよ。

それに、好きな人もできました。

私がいじめられていたって過去を彼が知ったら嫌われると思って、なかなかいえなかった。けど、昨日初めて、自分の過去を人にいえました。なぜか彼にはいえました。「悩んでる」っていったら、「聞くよ」っていってくれて。最初は嫌われたり、軽蔑《けいべつ》されるのを覚悟で、すごく怖かったし不安でした。

でも、ありのままをすべて隠さずに話しました。いじめられていたこと、嫌われていたこと、泣けなくなったこと、人が怖いってこと。すべていいました。そしたら彼からいわれました、「頑張ったな」って。

あと、リスカしていたこともいったら、怒ってくれました。「ふざけるなよ。そんなことをしても何も変わらないぞ」って。「もう、切るなよ」っていわれて、「切らない」って約束しました。「生きててよかった」っていったら、「死んでもいいことなんか、何もないぞ。逆に人を哀しませるだけだ」っていわれました。

そして、こうもいってくれたんです、「過去を振り返らず前を向いていこう」って。きっと私は、この言葉を忘れないと思います。いつも過去にとらわれて怖かったけど、少し怖くなくなりました。

水谷先生、私にも大切だと思える人ができました。今はまだ彼氏と彼女の関係ではないけど、すごく大切な人です。

生きててよかったです。


自分の感情を押し込め、いい子を演じていた別の少女は、とても大切なことに気づいてくれました。「自分の思いとこころに素直に生きる」ことを決意し、そのスタートとして私にメールを送ってくれたのです。


夜回り先生、私はあなたに救われました。だから、この感謝の気持ちを届けたくてメールをします。

私は援助交際も薬物も酒やタバコもやったことがありません。リストカットも怖くてできませんでした。水谷先生からすると小さ過ぎて笑うかもしれません。

私は中学時代、一年ぐらい毎晩泣いていました。ベッドの中で布団をかぶり、死にたいと思いながら、声を殺して泣いていました。

特に何か理由があったわけではありません。ただ、誰にも認められないことがつらくて、ＳＯＳに気づいてくれないみんなが嫌いで、何よりも、自分のことしか考えられない自分が嫌いでした。

でも、受験期になり、そんなことを考えるのはやめようと思い、泣くのをやめました。そのせいで、涙として吐き出していた思いが、涙を流さなくなって私のこころにとどまり続けるようになりました。

みんなの前では笑顔でいい子を演じていましたが、消えたいという醜い汚い思いを抱く自分が嫌いでした。そんな自分のこころを閉じ込め、押し殺して生きていました。

私は今、高校二年生になりました。

本は嫌いでしたが、今日、図書室で偶然『夜回り先生』を手に取りました。その本を隅のほうで誰にも見つからないように隠れて読んで、「いいんだよ」という言葉に触れ、声を殺して泣きました。

私はたぶん誰かに認められたかったんだと思います。自分のことしか考えてなくて、自分以外を信じられないのに、すぐ「友だちだよ」なんて嘘ばっかりつく私でも、誰かが認めてくれる気がしたんです。救われました。

自分の思いを、こころを素直に出せば、必ず受け止めてくれる人がいるのに、なぜ、そうして来なかったのか。「今日からは、自分の思いとこころに素直に生きるんだ」そう、決意しました。

水谷先生に救われたって伝えたくて、ありがとうって伝えたくて、感謝を伝えたくてメールしました。

先生がいつまでもお元気でいることを願っています。

最初の一歩

今日一日、うれしいことや哀しいと感じることがあったら、笑顔や表情で相手に伝えてみよう。

18

自分の可能性に気づこう

私の教員としての人生観が変わったのは、三五年ほど前に横浜のある養護学校（現在は特別支援学校）に勤務した時からです。

その前年に起きたある事件がもとで、全日制の高等学校からからだの不自由な子どもたちの学校に異動になった私は、すっかり意気消沈していました。

高校で社会科の授業をしようと教員になったのに、同じ高校とはいえ、仕事の内容がまったく違いました。特別支援学校では、子どもたちの日常の介助がおもな仕事になります。手や足の訓練をしたり、おむつを替えて、うんちを漏《も》らした子どものお尻を洗い、ごはんを食べさせればパッと吐かれる。こんな毎日の繰り返しに、私はうんざりしていました。

そんな六月のある日、私は一人の子のお尻をシャワーで洗ってあげることになったのですが、仕事にやりがいや楽しみなどを見いだせませんから、すべてにいい加減です。シャワーが温かくなったかどうかも確認しないで、お尻にかけてしまいました。すると、その子が「ぎゃあっ」と叫びました。突然冷たいシャワーをかけられたのですから、叫ぶのも当然です。

それを見ていた先輩教員が、私をバシッと殴《なぐ》っていいました「この子に何の罪がある。君に何をした。この子には君しかいないのに、何でそういうことをした。もう教員を辞めろ。君には教員をやる資格はない」。本気で叱ってくれたこの先輩教員は、今も私の大切な親友です。

私は、この時にわかりました。

教員というのは、こうしたい、ああしたいからと思って学校や生徒を選ぶものではなくて、生徒がいて初めて教員になれる。その生徒が求めている教員になることが、本当の教員の道なのだとわかったのです。「そうか、こうやって私を必要としてくれている生徒がいるじゃないか、今まで何をやっていたんだ」と、深く反省しました。

それからの私は、「小便が手にかかってるぞ」といわれても平気な、そんな熱心な教員になりました。

この特別支援学校は、重度の身体障がいを持つ一三人の子どもたちを、男性二人と女性二人の四人の教員でみていました。

　子どもの中には重度重複という重い障がいを抱えたある男子生徒がいました。この生徒はからだは車椅子から動けませんし、光の明るさもわからないので、目の前で手を動かしても、何の反応もありません。

　ところが、この生徒にはある感性がありました。教員たちはやらなければならない仕事が溢れてくると、つい、いら立ってしまうことがあります。四人の感情がギクシャクして険悪な雰囲気になると、この男子生徒が「けけけけけ」と笑うのです。「あ、彼が笑っているよ。俺たちのことを心配しているんだね。もうやめようよ、仲良くやろうよ」と自然に雰囲気がなごみました。

　もし、この生徒に走ることを求めたら無理です、走れません。学ぶことや大学に行くことも求められないし、物をつくることもできないでしょう。

　でも、この生徒は、周りの人の気持ちを察することができるという、天性の才能を持っています。その場の雰囲気を察したら、即座に、彼なりの方法で喜びや哀しみを私たちに示してくれるのです。私たちのこころに本当の優しさを教えてくれる、それだけでも十分な宇宙にたった一つの存在であり、彼の才能だと思います。

私は、あの時に感じました。どんな子にも無限の可能性があることを。

そして、学びました。教育というのは、根のないところや種がないところで、無理やり生徒を伸ばそうとすることではないことを。

その生徒が自分の可能性はどこにあるのか、自分の明日への種はどこにあるのか、それに気づくよう導くこと。そして、生徒が気づいてくれたら、いい大人との出会い、いい本との出会い、いい授業などといった栄養分をゆっくりゆっくり与える。

生徒たち自らが可能性を伸ばし、花咲かせるよう手伝うことが教育なのです。

私はこの学校で、生徒たちから、そんな大切なことを学びました。

過去の哀しみを乗り越え、自分なりに頑張っている少女からの、成長が伝わってくるメールです。

先生、さっきは哀しいメールを送ってごめんね。

どうしようもないくらい哀しくなって、先生にメール送ったら、抑え込んでいた感情が溢れたのかな。久しぶりに思いっきり泣いたよ。泣けて、今はスッキリした。

私はこの季節が嫌いです。過去が襲って来るから、こころが不安定です。

中絶して三年が過ぎました。いまだに、私はスローモーションって気分。自分一人だけがスローモーションで動いていて、周りはどんどん進んでいる。すべてが普通だった頃に戻りたいの。私が「かわいそうな私」じゃない頃に戻りたいの。でも、もう元には戻れない。何かもう立ち往生。取り残された感じで、すごいプレッシャー。なぜ、私一人なの?

先生は、一番弱い時の私しか知らないだろうけど、毎日必死で生きているんだよ。死にたいとか、つらいとかそういうマイナスな気持ちを抑え込んで、毎日、「頑張らなきゃ」って。でも、「まだ頑張らなきゃいけないの?」って。毎日、この繰り返し。不器用だけど必死で生きているよ。先生、これだけはわかってほしい。

この夏休みは本気で頑張ってみようって思ったの。いつも投げやりになるけど、今回の実習は投げやりなるのやめようって思った。

実習先は障がい者の作業所でした。箱を折ったりお菓子を詰め合わせたり、内職のような単純作業を一緒にやりました。障がい者といっても健常者とあまり変わらない。選択肢は少なくなるかもしれないけど可能性は一緒なんだって強く思った。気分のムラは激しいけど、人なつっこくて、明るくて楽しい人ばかりでした。何より、みんな笑顔。

こころの中に温かいプレゼントをいっぱいもらっちゃいました。自分の中の五感バンバンを広げて、いっぱい感じて勉強することができた。

職員さんから「あなたがいてくれて助かる」とか、「職員みたいだね」とかいわれて、すごくうれしかった。「私、ここにいていいんだ。存在しってていいんだ」って思えたんだ。福祉ってやっぱりいいなあ、職員さんたち、かっこいいなあって思ったよ。

昨日はバイト先のお寿司屋さんで天ぷら膳のつくり方を教えてもらいました。

天ぷら揚げるのは初めてだったけど、うまくできました。先生にも食べてほしいから、こっちに講演に来る時は教えてください。

バイトの帰り道、久しぶりに歩いたら、山の色がところどころ赤くなっていました。もうすぐ紅葉が見頃です。風も冷たくなって夜は虫の声も聞こえなくなってきました。空気が澄んで夜空がきれいです。また、冬が来ます。

今回は少し明るめなメールでしょ。私、前より成長できているかな。成長するのって少し怖いね。でも、ワクワク、ソワソワする。

私は先生に頑張ってって、いわないよ。先生も私も頑張っているから。そうだよね。そうだといいな。

もっともっと変わるからね。幸せになるからね。

自分の可能性を信じて人生を切り拓いたお母さんからも、うれしいメールが届きました。

今日、先生の出ている番組をテレビで見ました。久しぶりに先生を見て、涙が出ました。

私は一五歳の高校生の時に薬物やリストカットなどをしていました。親も友だちも学校も大嫌いで、声をかけられた男にフラフラとついて行き、泊めてもらう生活を何年も続けていました。

そんな生活を続ける中で、ある日、先生が出ているドキュメンタリー番組をボケーッと見ていました。最初は興味なんかないし、こんなめんどくさいことをやる人がいるんだ、バカじゃないかなって思ってました。

でも、番組が終わる頃には涙がポロポロ止まらなくて、先生に会いたい、助けてほしいって泣いてました。

そのまま男の家を出て、先生に会いに横浜まで行きました。横浜には何日もいたのですが、先生には会えませんでした。当時、私は誰とも連絡を取りたくなかったので携帯を持ってなかったから、連絡手段がないと思い込んでいた。今考えれば、手段はあったのにバカだったもので……。

本屋さんで、先生の本を片っ端から買ったのを覚えてます。何回も何回も読み返して、気づいたら「先生みたいな大人になりたい」って思ってました。

その生活から抜け出すのに、すっごく時間がかかりました。幸い携帯を持ってなかったので、仲間に連絡を取ったり連絡が来たりがなかったから、徐々に仲間から離れて、普通の生活を送るようになりました。

大嫌いな親にも、大嫌いな友だちにも、大嫌いな学校にも、周りの大人にも、ちゃんと向き合おうと思いました。そして、前を向いてみたら、私のことを真っ直ぐに心配して、大事にしようとしてくれてる人たちが、周りにたくさんいることに気がつき、涙が止まりませんでした。

私は二五歳になりました。子どもは五歳になります。人をこんなに愛おしいと思ったことがありません。ちゃんと大好きな人と結婚することができました。いろいろあって、今はバツイチです。実家に出戻って、昼夜かけ持ちで仕事して、一生懸命頑張っています。

水谷先生の存在を知らなかったら、今のこの感情やこの環境はなかったと思います。先生に直接お会いしたことはありませんが、感謝の気持ちでいっぱいです。前を向かせてくれて、未来をくれて、ありがとうございました。次は先生みたいな人と結婚したいです（笑）。おからだに気をつけて頑張ってください。私も精一杯頑張ります。

最初の一歩

将来、どんな自分になりたいか、どんな可能性があるか、夢を語ってみよう。

19

こころと時間にゆとりを持とう

私たちのこころの成長には、時間と余裕が必要です。子どもや若者たちにはじっくりと考える時間が、親や大人にはそれを見守る余裕が必要です。

時間は絶対的なものではありません。絶対的な時間といったら、それは時計が刻んでいる「時」だけでしょう。

時間は人によって、また、その時々の状況によって、長さが変わるものです。忙しく働く人にとって、時間はあっという間に過ぎて行きます。反対に、日々ダラダラと生きている人にとっては、時間はただダラダラと過ぎて行きます。楽しい時は、とても短く感じますし、いやな時は、時間が止まっているのではと思うほど、長く感じます。

時間をどう感じるかは、年齢によっても変わります。子どもや若者たちにとって、日々の過ぎる速度はとても遅く、年を取れば一日、一年はまたたく間に過ぎて行きます。大人と子どもでも、このように時間の感覚のずれが存在します。

子どもは、とても不完全な存在ですから、できなくてあたりまえなのです。特に、大人が求めていることを限られた時間の中で成し遂《と》げることは、子どもにとってとても大変なことです。

これをわかっていない親や大人が多過ぎます。

そんな親子や教員と生徒たちとのすれ違いを、私はこれまでたくさん見てきました。どちらにも悪気はないのだけれど、結果として、追いつめられた子どもは「自分はだめな子なんだ」と、こころを閉ざしてしまう。最悪の場合は、こころの病や死にまで追い込んでしまうケースもあります。

私は親や教員だけでなく、すべての大人たちにも、子どもや若者たちにゆとりを与えてほしいと願っています。

親や大人の考えを押しつけることなく、どうしたいのかを子どもに問いかけ、自ら選ばせる。大人から見たら時間がかかるし、多少は危険なことだとわかっていても、失敗するとわかっていても、子どもが自分で決めたのなら、とにかくやらせるのです。やらせてみて、親や大人はそれを黙って見守っているこころの余裕が大事です。

もしも失敗してしまったら、その結果に、子ども自身に責任を取らせ、自分できちんと後始末つける方法を考えさせるのです。

これを繰り返さない限り、自分でものを考え、物事を決定し、その行動に責任を持ち、成し遂げるという、私たち大人が、社会であたりまえに求められている能力、「考える力」は、身につかないのではないでしょうか。

しかし、残念なことに今の親や大人は、それをしていません。親や大人たちに余裕がなさ過ぎるのです。子どもや若者たちが一歩踏み出すことをサポートできている親や大人が、いったいどれだけいるのでしょうか。

今の日本の子育てや教育には、これが欠けています。

スペインから届いたメールを紹介しましょう。スペイン流の子育てや教育は「考える力」や「生きる意欲」を養います。

私は日本人ですが、主人は英国人です。現在、主人と私、一八歳、一六歳の子どもたちと、南ヨーロッパ、スペインのアンダルシア州に住んでいます。

これまでは南米と台湾に暮らし、二〇〇〇年から二〇一〇年まで、日本に住みました。日本では、幼稚園児から大学受験のための高校生までを対象に英語を教えていました。さまざまな生徒たちや両親たちとの出会いがありました。印象に残っているのは、日本では両親たちはいつも忙しく、子どもたちも学校、宿題、塾、部活などで忙しいことです。

アンダルシア州に住み始めて三年半が過ぎました。こちらの若者たちもさまざまな問題を抱えていますが、「考える力」「生きる意欲」という点では、日本の若者たち、そして大人たちよりも、はるかに勝っているように感じます。

日本のように習い事へ通う子どもたちもたくさんいますが、学校での勉強時間は、日本に比べてとても短いです。高校生でも午後三時半頃には帰宅して、友人たちと過ごします。夏休みは長く、午後から夜の九時、一〇時頃まで、家族や友人たちと海へ行き、のんびりと楽しく過ごします。子どもたちの多くは、一六歳になると夏休みの間にアルバイトをします。そうでなければ、いろいろなボランティアのイベントに参加します。さまざまなホリデーもありますので、若いうちから社会人との交流が活発です。

そして、何よりも大人たちが「人生の楽しみ方」を知っていて、それを若者たちに見せてくれているのです。

日本の子どもたちや若者たちだけでなく、大人たちも、忙しさの中でもさまざまな人々と交流することが大事だと思います。勉強や仕事以外に、「人々の助けになれる時間」や、自分の大好きなことに打ち込める「楽しめる時間」を持つことは、こころにゆとりが生まれます。

同じ日本人として「考える力」をつけ、「生きる意欲」につながるようなこころのゆとりが持てるようになることを、こころから願っています。

最初の一歩

週に一度は、短時間でもいいので、趣味や好きなことに夢中になれる時間をつくろう。

20

継続する力を養おう

「夜回り」を始めて、二五年の月日が過ぎようとしています。

夜の町を歩き回り、たむろする子どもたちや若者たちに早く家に帰るように、困ったことがあれば相談するように、声をかけ続けてきました。こうして、一万人をはるかに超える子どもたちや若者たちと、夜の町で触れ合ってきました。


そんな私が、八年前から気になっている、二人の青年がいます。

当時、関西の大学で教え始めたこともあり、大阪での「夜回り」を続けてきました。毎週のように道頓堀、南の歓楽街、そしてアメリカ村、天王寺、阿倍野、最後に、梅田周辺を回っていました。夜の九時に道頓堀の入り口、通称「引っかけ橋」から始めます。男たちが女の子をナンパするので有名な場所だったことから、若者たちの間ではこう呼ばれています。

その橋の上で、毎週末午後五時から九時過ぎまで、ある宗教団体の法被《はっぴ》を着た二人の若者が、歌を口ずさみながら「手踊り」をしています。

最初に出会った時、私は思わず立ち止まってしまいました。女の子をナンパしようと声をかけている多くの若者たちから、好奇の目で見つめられ、時にはからかわれ、また、時には酔っ払いから絡まれている彼らを、心配しました。私が二人に「大丈夫ですか」と、声をかけると、「ここを通るみなさんの幸せをお祈りしているだけです」と、一人が元気に返事をしてくれました。

その日から、私は、彼らのことが気がかりです。週末に大阪にいる時は、彼らのいる「引っかけ橋」に顔を出しました。

酔っ払いや若者たちから絡まれても、罵声《ばせい》を浴びせかけられても、動じることなく、彼らは一心不乱に歌を口ずさみ、「手踊り」を繰り返します。私は彼らのその姿を見るたびに、「私ももっと子どもたちのために頑張らなくては」と、勇気をもらいました。

ある時、私は久しぶりに大阪で「夜回り」をしました。夕方九時にいつものように「引っかけ橋」からスタートでした。

橋の上では、その日も二人が「手踊り」をしていました。私がいつものように見ていると、三人の若者たちが、二人に絡んでいきました。「お前ら、うざったいんだよ。どけ！」といって、力ずくで彼らを追い払おうとしました。

私が止めようとする前に、橋の上で客引きをしていた何人かの若者たちや、ナンパをしていた若者たちが、彼らのもとに走りました。そして、いいがかりをつけた三人の若者たちを、あっという間に羽交い締めにしてしまいました。

若者の一人が、「おい、こいつらが、お前らに何か悪いことしたか。こいつらはな、いつもここで、俺たちの幸せを、こいつらなりのやり方で祈ってくれてるんだ。文句あるのか！」と、彼らにいい放ちました。

羽交い締めを解かれた三人組は逃げ去ってしまい、私の出番はありませんでしたが、こころがとても温かくなりました。

二人が八年間ずっと続けてきたことが、二人の思いが、きちんと周りの若者たちのこころに通じていました。

継続は力です。

信仰でも勉学でも、修行でも、継続し続けることが大きな力になる。それを学んだ夜でした。

将来、英語の先生になる夢を抱いて、今まさに、継続する力を養っている少女のメールを紹介します。

水谷先生、お元気ですか。久しぶりにメールを書きます。

私は一七歳の高校二年生で、今アメリカにいます。ここに来る直前、去年の五月頃にも一度メールを送りました。

私は以前、生きることがつらくて、死ぬことばかりを考えていました。何年もの間、リストカットも続けていました。

そんな中で、水谷先生に出会って、本を読んだり講演を聞かせていただいたり、メールを送ったりするうちに、諦めかけていた夢を、もう一度追いかけてみようと思えるようになりました。

私の夢は、英語の先生になることです。

留学中のアメリカでは、ある家庭にホームステイさせてもらっています。とても温かい家庭です。ホスト・ペアレンツは、私を含めて子どもたちを叱ったことが一度もありません。その代わりに、たくさん、たくさん褒めてくれます。失敗した時はきちんと「ごめんなさい」といえば、「大丈夫だよ。いいんだよ」と許してくれます。まるで、水谷先生みたいに。

何かを選択しなくてはならない場面では、「あなたの決めたことが正しいのよ」と、私の背中を押してくれます。本当に、この家庭が大好きです。

昔、私は、「生きる意味」を自分にも周りにも問い続けていました。「生きる意味って何？　生きていていいことなんてあるの？」って。

でも、今はわかります。生きなきゃいけないって。

正直「生きる意味」なんて、一生わからないんじゃないかな、と思うこともあります。でも、生きる意味なんかわからなくても、もし私がいなくなったら、ものすごく哀しんでくれる大切な人がいることに気がつきました。その人たちを泣かせないためにも、私は、生きなきゃいけないんです。

そして、生きていたら素敵な出会いがあることにも気がつきました。ホスト・

ファミリーが気づかせてくれました。

半年後、私はここを離れなければなりません。出会うから別れがあること、知っています。考えるだけでも涙が溢れてきます。

でも、別れを哀しむのではなく、出会えたことを幸せに思いたいです。一生会えなくなるわけじゃない。いつかきっと、また会える。そう信じています。

限りある時間に気がついた今、私は毎日を大切に生きています。「ありがとう」と「ごめんなさい」は、こころから伝えよう、たくさん伝えよう。そう決めています。

もちろん、何もかもうまくいくわけじゃありません。思い描いた自分になかなか近づけず焦《あせ》りを感じることもあります。不確かな明日に不安になることもあります。泣いても、泣いても、涙がかれない夜もあります。明日が今日の延長線でしかないようで、やりきれない気持ちになることもあります。

でも、太陽が昇って、昨日とは違う今日がやって来ます。降っている雨も雪も、いつかはやみます。寒い冬だって、いつかは終わって、春が来るはず。永遠に登り道の山なんかありません。

いつかきっと、きっと、今自分のしていることは報われると信じて、もう少しだけ頑張ってみようかなって思えるのです。

過去の自分に、一通だけ手紙を送れるとしたら、

「どんなにつらくても、一人ぼっちでも、ただ生きていてほしい。自分を傷つけてでもいいから、諦めずに生きていてほしい。今の私は幸せだから、一人ぼっちじゃないから。それから、生きていてくれて、ありがとう。哀しみに耐えてくれたおかげで、今ここに私は生きているから。ありがとう」そう伝えたいです。

最初の一歩

今から一年間継続したいこと（生活習慣でも勉強や趣味でも）を一つ決め、今日から実行しよう。

21

逃げる勇気を持とう

私は講演会でも、この本の中でも、勇気を持つこと、勇気を出すことの大切さをずっと話してきました。

どんな戦いでも、正面から立ち向かうこと。これは立派な勇気です。でも、それだけが勇気ではありません。

みなさんはつらい時や哀しい時、どうしていますか？

もしも、こころがパンパンになるほどつらかったら、すべてを捨てて逃げることも必要です。逃げる勇気をぜひ、持ってください。

たとえば、いじめなどでつらくて学校に行きたくないのであれば、行かないことを決断する勇気を持ってください。

職場の人間関係で悩んでいたら、からだやこころが悲鳴を上げる前に、転職を考えることも必要です。

勇気を持つのは難しいことですが、自分で決めていいのです。

ただし、決断したのなら、ただぼんやりと日々を過ごすのではなく、次に進む勇気も持ってください。これから先の人生をどう歩んで行きたいのかを、きちんと考えましょう。

それができた時、みなさんには明るい未来が待っています。

また、こころが喜びで満ちている時は、どんな服装でもいいのですが、こころが哀しみや怒りで満ちている時は、明るい色の服を身につけてみてください。少しかもしれませんが、必ず気分が晴れます。

そして、家に閉じこもらず、外に出て、美しい自然と触れ合ってください。哀しみや怒りが、少しずつ溶けていきます。

職場の閉塞的な現状から、勇気を持って逃げることを決めた、ある女性のメールを紹介します。

返信ありがとうございます。

携帯をパッて開いたら、メールが来てて、誰だろうって開けたら先生だったから、びっくりした！　うれしかったです。しばらくウルウルでした（笑）。

というのも、今日は自分が働いている職場から離れることを決めた日だからです。

五月に入社し、仕事を早く覚えようと、意欲を持って取り組んだものの、周りからは意欲がないとみなされ、いろいろ悪口をいわれました。最初は、自分がどんなに意欲的でも周りのとらえ方はいろいろだし、何をいわれても頑張ろうって、思っていたのですが……。だんだん、毎日がつらくなりました。

そして今日、上司から直接「辞めてほしい」といわれました。

仕事が終わってからも、ずっと考えました。何しろ、転職なんて考えてなかったし、正直、今辞めるときついとか、とにかく、たくさんの思いがグルグルでした。そして、ついさっき自分で出した答えが退職でした。明日、辞意を上司に伝えに行きます。

「何とかなるさ」そう思えたんです。

明日、朝を迎えて「神様ありがとう」といって朝の光を仰ぎ、外へ出る。最寄り駅に行けばあじさいの花が咲いていて、その横に目をやると、スタンドに求人情報誌がある。電車に乗ればたくさんの風景に会える。世の中捨てたもんじゃない、幸せじゃないか。

自らいのちを絶つことは、ちっとも考えなかったなぁ、だって明日死んじゃうかもしれないから。生きていればいいんだ。今はそう思います。

今は夜。今夜も死にたいと叫ぶ、助けを求める同世代の人がいると思うと、哀しいですね。じつは、私はリスカ経験者なので、死にたい気持ちは痛いほどわかります。でもね、生きてほしいって願っている。

あぁ、どうかこの思いが一人でもいいから伝わるとうれしいな。みんなの涙がいつか輝く虹になりますように。

最初の一歩

悩んだりつらいと感じる日は、
いつもより明るい色の服を身につけよう。

おわりに

私は一二年前に水谷青少年問題研究所を設立し、以来、日本全国の子どもたちからの相談を受け続けています。電話での相談は数え切れず、メールは延べ九〇万通、かかわった子どもたちの数は四〇万人にも及びます。毎晩のように、子どもたちからの悲鳴と、助けを求める相談が続いています。

研究所のスタッフの合い言葉はただ一つ、「一人の子も死なせない」です。でも、だめでした。かかわった子どもたちのうち、一一名が殺人の罪を犯しました。犯罪に手を染めた子どもたちは、数え切れないほどです。二二七名の尊いいのちを、自死、事故、病気によって失いました。五二名の子どもたちは、薬物（ドラッグ）によっていのちを奪われました。

一つのいのちを失うたびに、私もスタッフも自分を責めました。「あの時、ああしておけば。ああ動けば」と後悔ばかりでした。何度もこの仕事を辞めようと考えました。それでも続けて来られたのは、かかわった子どもたちの多くが笑顔を取り戻し、明るい昼の世界に戻ってくれたからです。

相談の仕事が、今までに一度だけ長期間停止した時があります。二〇一一年三月一一日、東日本大震災が発生した日からの一〇日間です。私もスタッフも数多くの仲間を失い、ともかく、今は相談を受けることより、現地に行こうと動いていました。

そんな私たちのもとに、以前からかかわっていた、気仙沼の少女から一通のメールが届きました。

この少女は中学二年生の時から四年間にわたり、リストカットと精神科医から渡された処方薬でＯＤを繰り返し、私にメールや電話で、「死にたい」「死にます」の言葉をいい続けました。そんな彼女が、一つの出来事の中で、大きく変わりました。

「先生、生きていたよ。今、避難所にいます。家族もみんな無事です。今まで、リストカットとＯＤを繰り返し、死にたい、死にたいと、先生に訴えて、甘えていた自分が恥ずかしいです。今、私は避難所の救護班にいます。避難所のドクターが、私のリストカットやODを治療してくれた先生だったから、顔を合わせた瞬間にいわれちゃった、『君は手当てのプロだろ。手伝え』って。

こっちは、夕べ、雪が降ったんだよ。底冷えのする中で、私の担当のおばあちゃんが、『寒い、寒い』っていって、震えていた。だから私ね、このおばあちゃんの毛布の中に潜り込んで横になり、ずっとさすってあげたんだ。おばあちゃんは泣きながら『ありがとう、ありがとう』っていってくれた。それから、眠ってくれたよ。

いつも先生がいっている、困っている人のために何かすることが、相手の人にも自分にも、こんなにも大きな力になるってこと、初めてわかりました。だから、もう私、死にたいなんていわない。リストカットもODもしない。

先生、私、看護師になる。人のいのちを助ける仕事につく。

もう、私、切らない。死にたいなんていわない。

先生、ありがとう」

私もスタッフもこのメールを読んで泣きました。この日から、また、相談の仕事が始まりました。「ありがとう」の言葉が、私たちの活動の原動力です。

今、彼女は看護系の大学の四年生で、病院での実習中です。

私がこの少女のことを書いたのには、理由があります。子どもたちは、とても不完全な存在です。私たち大人から見たら、信じられないような小さなことで傷つき、そして悩み苦しんでいきます。

その一方で、ほんのちょっとした言葉がけや少し背中を押してあげるだけで、その悩みや苦しみから逃れ、生まれ変わったように明日を求めるようになります。

なぜ、多くの子どもたちが悩み、苦しんでいるのでしょう。その理由は簡単です。この気づきを与える余裕を、家庭も学校も、私たち大人も失っているからです。

一九九一年秋のバブル経済の崩壊、それ以降の長い経済的、社会的閉塞状況の中で、多くの大人たちがゆとりを失っています。これが、子どもたちを追い込んでいます。
多くの父親たちは、仕事でのイライラを家庭に持ち込みます。そして、そのイライラを大切な妻や子どもたちにぶつけてしまいます。イライラをぶつけられた妻は、そのやりきれない気持ちを、子どもにぶつけてしまう。そして、子どもたちが追いつめられていきます。

子どもたちが求めているのは、じつは、お金やものではありません。それが何なのか。特に悩んでいる、苦しんでいる子どもたちが、何を求めているのかを通して、この本では、それを書きました。

どうぞ、気づいてください。子どもたちは、親や私たち大人の気づきを待っています。

さらに、追いつめられているのは子どもばかりではありません。今、この時代を生きる若者や親、大人世代にも共通することです。
そこでこの本は、生きづらいと感じている子どもとその親だけでなく、若者や大人世代にも読んでもらいたいと考えました。

みなさんが何を求めているのか、どうしたら笑顔がよみがえり、幸せになることができるのか、そのヒントをメールを紹介しながら書きました。

どうぞ、気づいてください。自分らしく活き活きと生きられる方法は、案外簡単に見つかるということに。

本書は、たくさんの子どもたちや若者、親世代や大人世代とかかわってきた私からの、大事なメッセージです。

二〇一七年一月

水谷《みずたに》　修《おさむ》

著者略歴

水谷 修（みずたに・おさむ）

1956年、神奈川県横浜市に生まれる。上智大学文学部哲学科を卒業。1983年に横浜市立高校教諭となるが、2004年9月に辞職。在職中から継続して現在も、子どもたちの非行防止や薬物汚染の拡大防止のために「夜回り」と呼ばれる深夜パトロールを行い、メールや電話による相談や、講演活動で全国を駆け回っている。
主な著書には、『夜回り先生』『夜回り先生と夜眠れない子どもたち』『こどもたちへ おとなたちへ』（以上、小学館文庫）、『増補版さらば、哀しみのドラッグ』（高文研）、『夜回り先生の幸福論　明日は、もうそこに』『夜回り先生　子育てで一番大切なこと』（以上、海竜社）、『さよならが、いえなくて』『夜回り先生の卒業証書』『夜回り先生　こころの授業』『あした笑顔になあれ』『あおぞらの星』『あおぞらの星2』『いいんだよ』『夜回り先生からのこころの手紙』『夜回り先生50のアドバイス 子育てのツボ』『夜回り先生 いのちの授業』『ありがとう』『夜回り先生　いじめを断つ』『Beyond』『約束』（以上、日本評論社）などがある。

優《やさ》しさと勇気《ゆうき》の育《そだ》てかた　　夜回り先生21の生きる力

2017年1月15日　第1版第1刷発行

著　者　水谷《みずたに》　修《おさむ》
発行者　串崎　浩
発行所　株式会社日本評論社
〒170-8474　東京都豊島区南大塚3-12-4
電話03-3987-8621（販売）
FAX03-3987-8590（販売）
振替00100-3-16
https://www.nippyo.co.jp/
装幀・デザイン　井上新八
写　真　北村佑介
印刷所　精興社
製本所　難波製本

ISBN978-4-535-58708-3　Printed in Japan